GABRIELE ROSSBACH

Mit Achtsamkeit zum inneren Glück

Im Prinzip ist es ganz einfach.
Es geht um intensives Selbst-bewusst-Sein
im Zustand heiterer Gelassenheit.
Also um den natürlichsten und ursprünglichsten
Zustand überhaupt.

GABRIELE ROSSBACH

Mit Achtsamkeit zum inneren Glück

15 ZENtrierungsübungen
für mehr Lebensintensität und Lebensfreude

BELTZ

S. 146/147: Auszug aus: Singer, W./Ricard, M., Hirnforschung und Meditation. Ein Dialog. Aus dem Englischen von Susanne Warmuth und Wolf Singer. © Suhrkamp Verlag Frankfurt am Main 2008. Alle Rechte bei und vorbehalten durch Suhrkamp Verlag Berlin.

Dieses Buch ist auch als E-Book erhältlich:
ISBN 978-3-407-22373-9

Wichtiger Hinweis:
Die im Buch veröffentlichten Ratschläge wurden mit größter Sorgfalt und nach bestem Wissen von der Autorin erarbeitet und geprüft. Eine Garantie kann jedoch weder vom Verlag noch von der Verfasserin übernommen werden. Die Haftung der Autorin bzw. des Verlages und seiner Beauftragten für Personen-, Sach- oder Vermögensschäden ist ausgeschlossen. Wenn Sie sich unsicher sind, sprechen Sie mit Ihrem Arzt oder Therapeuten.

www.beltz.de

1. Auflage 2013

Umschlaggestaltung: www.anjagrimmgestaltung.de (Gestaltung),
www.stephanengelke.de (Beratung)
Umschlagabbildung: Hintergrund: ©plainpicture/Aurora Photos,
Blüte: ©Shutterstock/Sukharevskyy Dmytro,
Buddha/Rückseite: ©Pixel & Création/Fotolia.com
Druck und Bindung: Beltz Druckpartner GmbH & Co. KG, Hemsbach
Printed in Germany

ISBN 978-3-407-85961-7

Inhaltsverzeichnis

Vorgeschichte

Es musste im Prinzip doch ganz einfach sein.

Damals, mit 25 und frisch bestandenem Staatsexamen als Lehrerin, sehnte ich mich nach nichts mehr als nach einem stabilen Selbstbewusstsein im Zustand heiterer Gelassenheit und Lebensfreude. Wäre das denn nicht der normalste Zustand überhaupt, ungefähr ebenso wenig hinterfragbar wie Wasser für den Fisch?

Aber dann schien es wohl recht unterschiedliche Zustände von Wasser zu geben, vom trüben Tümpel bis hin zu kristallklarem, sauerstoffdurchperltem Frischwasser … Doch was konnte einen am Glücklichsein hindern, solange man ein gesichertes Leben führen und seine Grundbedürfnisse befriedigen konnte?

Sooft ich auch darüber grübelte, erging es mir nicht anders als all denen, die zuerst eine tiefe Krise durchmachen müssen, bis sie für sich einen unerwartet erfolgreichen Durchbruch erzielen. Es brauchte jedenfalls noch etliche Irrungen und Wirrungen, um mir jenen zunächst nur vage erahnten und zutiefst ersehnten Daseinszustand von innerem Glück zu erschließen. Erst nach einem tiefen emotionalen Absturz stieß ich auf Methoden, die mir dann tatsächlich einen unmittelbaren Zugang zu diesem ursprünglichen

Zustand ermöglichten – und mich endlich glücklich »wie ein Fisch im Wasser« durchs Leben schwimmen ließen.

Vorläufig aber litt ich in diesen Zeiten erst einmal erheblich unter meinen psychischen Problemen und fand keine Lösung. Genauer gesagt befand ich mich in einer Verfassung, die ich im Nachhinein als Liebes- oder Anerkennungssucht bezeichnen würde, was mich zwangsläufig in eine sehr unkomfortable Abhängigkeit von den Verhaltensweisen meiner Mitmenschen brachte. Das ging im Alltag so weit, dass mich die Überlegung, was jemand jetzt möglicherweise über mich denken mochte, bereits ziemlich nervös machte. Erst recht irritierend wurde dieses Problem in meinen Liebesbeziehungen. Ich fühlte mich abhängig davon, eine tägliche Dosis Bestätigung für meinen Wert als Frau zu erhalten, was für den Partner kein einfaches Unterfangen war. Und so war es auch kein Wunder, dass ich damit mehrere Partner überforderte und in die Flucht schlug.

Der Wendepunkt erfolgte zwangsläufig mit einem erneuten schmerzvollen Absturz in einer Liebesbeziehung. Mein Freund hatte mich mit einer anderen betrogen, was meinem Selbstbewusstsein erst einmal den Rest gab und mein emotionales Defizit so weit verstärkte, dass ich in einer Depression landete. Mühsam absolvierte ich gerade noch meinen täglichen Schulalltag und verbarrikadierte mich danach in meiner Wohnung, ließ die Jalousien herab und ging nicht mehr ans Telefon. Auf meine gründliche Art widmete ich mich dem Selbstmitleid und meinem Schmerz, haderte zur Abwechslung auch gelegentlich wütend mit meinem Schicksal, wobei sich meine Ernährung auf literweise Kaffee und das gelegentliche Herumnagen an einer Tafel Bitterschokolade beschränkte.

Meine Kollegen machten sorgenvolle Gesichter und sprachen mich drauf an, dass ich verbiestert dreinblickte und immer magerer wurde. Dieses emotionale Desaster zog sich einige Wochen hin, aber Gott sei Dank begannen sich eines schönen Tags – aus buchstäblich heiterem Himmel – meine Lebensgeister endlich wieder zu regen. Meine Depression hatte sich ins Nichts verflüchtigt und ließ mich mit frischer Energie ins Leben zurückkehren. Allerdings war ich nun von grimmiger Entschlossenheit beseelt, mich meiner psychischen Problematik zu stellen und mich – jetzt oder nie! – vollständig aus dieser belastenden und übertriebenen Abhängigkeit zu befreien.

Als Erstes startete ich eine intensive therapeutische Recherche in der Unibibliothek. Die Suche nach einer stabilen Grundlage zum Glücklichsein würde bei mir vermutlich viel mit einem stärkeren Selbstwertgefühl zu tun haben. Dazu eröffnete sich mir das weite Feld der Psychologie und Psychotherapie und schien endlos vielschichtig zu sein. Neugierig verschlang ich alles, was die Psychologie über Selbstwertprobleme und über die Abhängigkeit von Liebe und Zuwendung aufzubieten hatte, und studierte jede freie Minute psychologische Veröffentlichungen, Ratgeber und brandneue Dissertationen. Darin stieß ich auf die unterschiedlichsten Therapiemethoden, die jeweils psychische Stabilisierung und Heilung versprachen.

In der Folge wurde ich zu meiner eigenen Therapeutin und Klientin in einer Person und probierte alles aus, was die Psychotherapie aufzubieten hatte. Zu meinem Leidwesen bemerkte ich bald, dass ich auch durch noch so viel Lektüre nicht sonderlich weiterkam, und beschloss, professionelle Hilfe in Anspruch zu nehmen. Das bedeutete natürlich, mich durch zahlreiche Therapiesitzungen zu arbeiten. Und so probierte ich nacheinander bei mehreren

Psychotherapeuten und einem Psychiater diverse Heilmethoden an meiner Psyche aus und wartete mit großer Spannung auf deren jeweilige Effekte.

Konnte eine Psychoanalyse helfen? Doch diese entpuppte sich für mein Geduldsreservoir als viel zu langwierig und ich brach sie nach wenigen Sitzungen kurzerhand ab. Daraufhin absolvierte ich eine Gesprächstherapie, bei der die Therapeutin ihre Sätze meist mit »Sie meinen damit …?« begann. Dann wiederholte sie stereotyp und nett lächelnd meine vorherige Äußerung mit etwas anderen Worten, was mir beträchtlich auf die Nerven ging und mich nicht ansatzweise weiterbrachte. Es folgten Gestalttherapie, Verhaltenstherapie, systemische Therapie und NLP (neurolinguistisches Programmieren), aber sie alle lieferten – wenn überhaupt – immer nur minimale Erfolgserlebnisse. Hinderlich war zudem, dass ich die psychologischen Maßnahmen, die der jeweilige Therapeut anwendete, gleichzeitig mit großem Interesse analysierte, zuordnete und reflektierte. So funktionierte das natürlich nicht, wenn ich bereits während der Therapiesitzung mal wieder dachte: »Nun wird er gleich einen Ansatz der systemischen Therapie vorschlagen oder bestimmte ›Tools‹ anbieten, um mit der Situation X anders umgehen zu können.« Das hatte ich im Ansatz ohnehin längst ausprobiert und die positiven Auswirkungen hatten sich in Grenzen gehalten. Vermutlich war ich der personifizierte Albtraum eines jeden Therapeuten, wenn ich mal wieder eines seiner Tools infrage stellte! Der wesentliche Effekt meiner Therapien war letztlich nur auf meinen Kontoauszügen abzulesen, denn die Therapiesitzungen waren auf Dauer ziemlich kostspielig.

Nach dieser therapeutischen Tournee von fast drei erfolglosen Jahren war ich reichlich frustriert. Offensichtlich war ich ein hoffnungsloser Fall und völlig therapieresistent. Jedenfalls war mir klar, dass dieser Weg für mich eine Sackgasse darstellte. Vielleicht musste ich mir eine gänzlich andere Methode erschließen, die für mich besser passte?

Ratlos stöberte ich mal wieder in einem Buchladen und stieß dort auf ein vielversprechendes Buch namens »Yoga als Therapie«. Yoga sollte demnach in unterschiedlichster Hinsicht therapeutisch wirken, und wenn das stimmte, würde das immerhin eine neue Perspektive eröffnen. Neugierig geworden tauchte ich nun in diesen Themenbereich ein und las Yogabücher, angefangen bei »Kundalini Yoga« von Yogi Bhajan über »Biografie eines Yogi« von P. Yogananda bis hin zu Yogaklassikern nach B.K.S. Iyengar. Bald besuchte ich Yogakurse und übte zu Hause Hatha- und Kundalini-Yoga, dazu praktizierte ich komplizierte Atemtechniken, die Pranayama hießen.

Das Wohlbefinden nach den Yogasitzungen war frappierend und stellte für mich eine positive neue Dimension dar. Und das, obwohl ich es bereits im Anfängerkurs mit unnachahmlichem Ehrgeiz fertiggebracht hatte, mir beim »richtigen« Lotossitz eine so schmerzhafte Zerrung im linken Knie einzuhandeln, dass ich auf diese und ähnliche Positionen erst mal verzichten musste. Zwangsläufig widmete ich mich darauf eher der stillen Zen-Meditation, die keine schwierigen Dehnungsübungen, sondern lediglich ruhiges Sitzen erforderte.

Meditation! Auch hier eröffneten sich wieder Welten, doch wie konnte man bei dieser riesigen Auswahl an Meditationsarten, Lehrern und Gurus die Spreu vom Weizen trennen?

Es gab auch hier wieder nur die Möglichkeit, es durch Erfahrung und Experimentieren selbst herauszufinden. Autogenes Training nach H.A.

Schultz praktizierte ich bereits seit Längerem, und es lieferte mir eine angenehme Entspannung nach stressigen Schulvormittagen. Aber Entspannung allein genügte mir nicht. Mein Streifzug durch die Gefilde der Meditation begann mit einem Retreat bei Flower A. Newhouse in Kalifornien, wo ich trainierte, bewusst und konstruktiv mit Emotionen und emotionaler Energie umzugehen. Ein Meilenstein für mein alltägliches Wohlbefinden! Bald darauf zog mich die Selbsterforschungsmeditation nach Ramana Maharshi in ihren Bann. Neugierig tourte ich durch die unterschiedlichsten Seminare und traf auf die Guru-Schickeria dieser spirituellen Szene, beispielsweise auf Om C. Parkin, Madhukar oder Gangaji. Sympathischer fand ich allerdings die deutlich bescheidener und herzlicher auftretenden spirituellen Lehrer wie Isaac Shapiro, Dr. Pyar Troll, die Inderin Amma oder die Indianerin Dhyani Ywahoo.

Außerdem faszinierten mich zunehmend die Meditationsformen des Buddhismus und ich war überwältigt von der charismatischen Ausstrahlung einiger buddhistischer Persönlichkeiten mit komplizierten Namen, darunter Bhante Sujiva, Ringu Tulku Rinpoche, Sakyong Mipham oder Yongey Mingyur Rinpoche. Letzterer beeindruckte mich besonders dadurch, dass er sich ebenso wie der buddhistische Neurowissenschaftler Matthieu Ricard im Magnetresonanztomografen untersuchen ließ, um die messbaren Auswirkungen der Meditation auch naturwissenschaftlich zu dokumentieren, was die Meditationsauswirkungen wissenschaftlich greifbar machte. Aha, also keine Spinnerei irgendwelcher Späthippies, dachte ich erfreut.

Über all diese Kontakte und Seminare vertiefte ich allmählich meine Meditationskenntnisse und erlernte wichtige Grundlagen. Währenddessen praktizierte ich weiterhin einfache Yogaübungen – das passte gut zusammen und ich fühlte mich wunderbar damit. Der einzige Wermutstropfen lag darin, dass mein innerer Meditationsfrieden und die Glücksgefühle immer nur kurze Zeit vorhielten und im Alltagsstress blitzschnell wieder verloren gingen. Ich fragte mich, ob das an meiner erst kurzen Praxis liegen oder ob es vielleicht andere Methoden geben mochte, um diesen Zustand heiteren Friedens im Alltag zu stabilisieren?

Die Lösung dieses Problems fand ich, kurz nachdem ich dieses Problem überhaupt bemerkt hatte. In meinem Erkundungsdrang nahm ich an einem Seminar bei dem buddhistischen Mönch Thich Nhat Hanh teil, der die Methode des »Vipassana« lehrt. Dabei handelt es sich um die uralte buddhistische Achtsamkeitspraxis, bei der man die eigene Aufmerksamkeit gezielt entweder auf das eigene Tun oder auf den eigenen Körper, insbesondere auf den Atem, oder auf die eigenen Emotionen ausrichtet. Das war des Rätsels Lösung! Je mehr ich diese Achtsamkeitspraxis daraufhin im normalen Alltag anwendete, desto nahtloser verbanden sich das tiefe Wohlbefinden und der Frieden der Meditation mit dem Alltagsgeschehen.

Ich stellte mir aus all diesen Erfahrungen eine Methode zusammen, die ich »Praxis der Zentrierung« *nannte. Das Puzzle meiner vielen Erkundungen und Erprobungen begann jetzt Früchte zu tragen, die meine kühnsten Hoffnungen übertrafen! Die Wirkung dieser kompakten Methode schien an ein kleines Wunder zu grenzen. Innerhalb kürzester Zeit hatte sich meine chronische, nagende Selbstkritik in Wohlgefallen aufgelöst, und ich ruhte friedlich in mir selbst, sowohl während der Unterrichtsstunden als auch während langwieriger Lehrerkonferenzen. Das erschien mir zunächst* aber alles zu schön, um wahr zu sein, daher bezweifelte ich in den ersten Monaten vorsichtshalber die Tragfähigkeit und Dauerhaftigkeit dieser Anwendung. Doch je länger ich sie praktizierte, desto stärker stabilisierte und verstärkte sich tatsächlich dieses neue ruhige Selbstwertgefühl, das ich in dieser Intensität zuvor noch nie erlebt hatte. Ich begriff, was die klischeehaften Formulierungen »In der eigenen Mitte ruhen« und »Bei SICH sein« tatsächlich beinhalteten.

Eine mir bisher unbekannte Gelassenheit erfüllte den stressigen Schulalltag, und ich ruhte so sonnig in mir selbst, dass Kollegen, Freunde und Bekannte mich auf meine Wesensveränderung ansprachen. »Du wirkst so souverän und bist ständig gut gelaunt. Was ist los mit dir? Bist du verliebt? Oder nimmst du irgendwas ein?«, so in dieser Art lauteten die Frotzeleien und Kommentare, die mich amüsierten. Das Geheimnis meiner inneren Ruhe und meiner guten Laune verriet ich gern, es beruhte im Wesentlichen auf der Kombination aus meditativen Zentrierungsmethoden in Verbindung mit dem Achtsamkeitstraining.

Es war faszinierend. Je länger ich diese Kombination praktizierte, desto stärker intensivierte sich der wache, klare und positive Geisteszustand wie von selbst. Es ist ein Prozess, der sich – einmal begonnen – ganz von selbst immer weiter vertieft und regelrecht zum Selbstläufer wird. Dabei ist ein Lebensgefühl von Leichtigkeit und Klarheit entstanden, das ich nie mehr missen möchte. Ich fühle mich präsent und entspannt, gelassen und bin »bei mir selbst«. Das fühlte sich von Anfang an so an, als hätte ich Anker in mir selbst geworfen. Nie zuvor war ich so energiegeladen und glücklich. Der gesamte

Lebensabschnitt lässt sich – im Nachhinein – mit dem Titel überschreiben: »Von der Frau, die sich selbst entdeckte und abrupt zu leiden aufhörte«.

Durch diese erfolgreiche Selbsttherapie war ich motiviert, mich zur Entspannungstherapeutin ausbilden zu lassen, um diese Methode an möglichst viele Menschen weiterzugeben.

* * *

Ich nenne diese Methode die »*Praxis der Zentrierung*«, und sie hilft mittlerweile seit vielen Jahren meinen Seminarteilnehmern und Klienten, friedlich und präsent in sich selbst zu ruhen. Auch Klienten, die ähnlich wie ich unter Beziehungsstörungen gelitten hatten, konnten ein starkes Selbstwertgefühl aufbauen und endlich zufrieden, stark und selbst-bewusst leben. Selbst Menschen, die unter ihren Depressionen, Ängsten, Phobien, unter Liebessucht oder anderen Suchtproblemen litten, fanden darin oft wie nebenbei Hilfe und Heilung.

Alle Klienten berichten in diesem Prozess der Zentrierung ähnlich meiner eigenen Erfahrung ebenfalls von einer persönlichen Kraft, die ständig anwächst, und von einem stärkeren Identitätsgefühl. Sie erleben deutlich mehr Lebensfreude und spüren eine warme und freundliche – echte – Herzlichkeit, die nicht mehr von Ängsten und unauthentischen »Masken« überlagert ist. Immer wieder ist zu beobachten, dass daraus auch eine neue Qualität resultiert, tiefe und harmonische Liebesbeziehungen einzugehen.

Es ist frappierend: Ganz offensichtlich wohnen dem reinen Bewusstsein eine immense Heilungskraft, Glück und positive Energie inne.

* * *

Die *Praxis der Zentrierung* habe ich für Sie hier als eine Art »Konzentrat« zusammengestellt und sie steht Ihnen im Praxisteil zur sofortigen Anwendung zur Verfügung. Wenn Sie mögen, können Sie damit auch experimentieren und sich ganz nach Ihrem Bedarf und Geschmack ein oder zwei Methoden heraussuchen, die Ihnen besonders liegen und gut für Ihren Alltag passen.

Da die einzelnen Schritte aufeinander aufbauen, können Sie alle Übungen auch nacheinander machen, sodass Sie sich die Zentrierung darüber schrittweise erschließen und besonders intensiv praktizieren.

Der große Vorteil der *Praxis der Zentrierung* liegt in jedem Fall darin, dass sie alltagstauglich und jederzeit anwendbar ist. Man kann die Zentrierung und persönliche Präsenz beispielsweise im hektischen Berufsalltag oder während des Autofahrens, während des Einkaufens oder sogar während des Fernsehens intensivieren.

Wenn Sie möchten, können Sie die Zentrierungspraxis zusätzlich durch die meditativen Übungen vertiefen, die sehr entspannend, harmonisierend und wohltuend wirken.

Ein weiterer grundlegender Vorteil der »*Praxis der Zentrierung*« liegt darin, dass man sich nicht disziplinieren oder zwingen muss. Diese Methode ist mühelos, wohltuend und ausgesprochen angenehm, wie ein »Nach-Hause-Finden«, zurück in das natürliche und freudige Präsenzgefühl der ersten

Kindheitsjahre. Es fühlt sich wie eine Befreiung an, bei der man sich der eigenen persönlichen und geistigen Kraft in vollem Umfang gewahr wird und diese Lebendigkeit und Unabhängigkeit in vollen Zügen genießt. Die einzige Nebenwirkung der Methode besteht darin, dass man friedlicher, sozialer und freundlicher wird – was Sie hoffentlich nicht stören wird!

* * *

So, liebe Leserin, lieber Leser, gehen wir der Sache genauer auf den Grund. Was beinhalten Achtsamkeit, Zentrierung und persönliche Präsenz denn überhaupt, worin liegt deren Nutzen und vor allem: Wie kann man diesen Zustand aktivieren?

Achtsamkeit und Präsenz

Jeder von uns hat schon einmal beobachtet, dass es Menschen gibt, die uns faszinieren und in ihren Bann ziehen, ohne dass wir auf Anhieb sagen könnten, woran das genau liegt.

Schaut man genauer hin, stellt man fest, dass solche Menschen etwas gemeinsam haben – sie sind bei sich selbst, ruhen in sich und sie wirken auf ihr Umfeld sehr authentisch. Diese Persönlichkeiten besitzen eine Ausstrahlung, die unabhängig von ihrem Status und ihrem Aussehen ist, obwohl das nach Suggestion der Medien eigentlich als Schlüssel einer erfolgreichen, zufriedenen Persönlichkeit gilt. Genauso wenig wie der Status spielt auch das Alter keine Rolle, ebenso wenig das Geschlecht. Tatsächlich wirken gerade manche besonders erfolgreichen und vermögenden Zeitgenossen angespannt und eher uncharismatisch. Aber ein Mensch, der friedlich in sich selbst zentriert ist, wirkt immer auf eine subtile Art stark, authentisch, friedvoll und undefinierbar bewundernswert.

Das Geheimnis liegt im inneren Fokus, der weniger in der Außenwelt als im eigenen Selbst verankert ist.

Diesen Fokus – das Gewahrsein des eigenen Seins im gegenwärtigen Moment, das Ruhen in der eigenen Mitte, bei sich selbst sein – bezeichnen wir im folgenden Text der Einfachheit halber als »Zentrierung«.

Eine solche innere Zentrierung schließt äußeren Erfolg natürlich keineswegs aus. Die Priorität liegt für solche Menschen aber darin, authentisch zu sein und im eigenen Selbst verankert zu bleiben.

Diese intensive persönliche Präsenz entsteht durch Achtsamkeit. Für jeden von uns ist dieser Zustand erreichbar, indem wir Achtsamkeit und auch Meditation oder Innenschau praktizieren. Der Zustand der bewussten persönlichen Präsenz legt die Klarheit des Bewusstseins frei, »erdet« uns und verbindet uns wieder mit unserer ursprünglichen Lebensfreude aus Kindertagen und einer ebenso ursprünglichen Lebensintensität.

Im üblichen, sogenannten »Normalzustand« surft man dagegen eher zerstreut über die Oberfläche des Seins, das uns manchmal wie ein vager Traum vorkommt oder wie eine halb wache Trance. Aber daran sind wir so gewöhnt, dass wir es selten hinterfragen.

Dabei ist das Kostbarste, das wir besitzen, der Geist, das eigene Gewahrsein und Bewusstsein. Wie wir mit dieser Energie umgehen, bestimmt Tag für Tag unsere Lebensqualität. Nutzen wir diese machtvolle Energie, steht sie uns für die eigene Lebendigkeit, für Lebensfreude und für eine starke, friedvolle Präsenz quasi gratis zur Verfügung. Wenn wir jedoch nicht auf diese kostbare Energie achten, vergeuden wir sie gedankenlos und zerstreuen sie in die Welt, verlieren sie an Situationen, Gefühle, Sorgen, Stress und so weiter.

Da die Menge dieser Energie nicht messbar ist, fällt uns das normalerweise kaum auf. Wir sind nur manchmal diffus unzufrieden, irgendwie leer oder gelangweilt. Es fehlt ein wenig an Lebendigkeit und Lebensfreude, aber wir haben trotz dieses unterschwelligen Frusts keinen rechten Plan, ob es eventuell auch anders sein könnte. Im Zweifel greifen wir zu einem starken Kaffee und einem Vitaminpräparat oder unternehmen vielleicht noch mehr interessante Aktionen, suchen nach dem »Kick« – doch tatsächlich ist es nur erforderlich, mit der eigenen geistigen Energie bewusster umzugehen.

Dazu steht uns Achtsamkeit als Werkzeug zur Verfügung, mit dem wir die persönliche Präsenz vertiefen und einen harmonischen und intensiven Lebenszustand herstellen können. Wir sind darüber sofort friedlich und behaglich im eigenen Sein verankert, ruhen in uns selbst, spüren uns selbst heiter und gelöst und genießen das eigene Dasein ohne äußeren Anlass. Ganz gleich, ob um uns herum gerade das Chaos tobt oder auch nicht, die eigene Präsenz verleiht uns dabei ein heiteres und ruhiges »Fels-in-der-Brandung«-Gefühl.

Die Buddhisten kennen die Achtsamkeitspraxis sogar schon seit zweieinhalbtausend Jahren als Instrument und nutzen es, um den Zustand heiterer und selbst-bewusster Präsenz zu erreichen und das innere Potenzial zu entfalten.

Durch praktische Achtsamkeitsübungen und gezielte Meditationen trainieren wir, die Macht des eigenen Geistes zu genießen und optimal zu nutzen. Diese Praxis therapiert ganz nebenbei etliche psychische und psychosomatische Beschwerden. Dazu gehören unter anderem Selbstwertprobleme, Depressionen, Stress und Burn-out, aber auch Sucht, Ängste und Phobien, was wir später noch durch Fallbeispiele belegt finden werden. Und all das geschieht einfach nur dadurch, dass wir uns durch Achtsamkeit und Zentrierung wieder ganz natürlich mit der Quelle unserer Kraft und unseres Lebensglücks verbinden: dem eigenen Geist.

Die Macht des eigenen Geistes erweist sich dabei als fast unbegrenzt, wenn wir sie achtsam nutzen, und diese Macht erzeugt zunehmend Stärke und Präsenz, innere Klarheit, Gesundheit und Lebensfreude.

Wie uns die buddhistische Weisheit inspirieren kann

Wenn Sie jetzt für sich herausfinden möchten, weshalb Sie sich so fühlen, wie Sie sich fühlen, brauchen Sie eigentlich nur hinzuschauen, worauf Sie mental und emotional während der sechzehn wachen Stunden des Tages ausgerichtet sind.

Normalerweise tauchen Gedanken auf, die kurzfristig von Freude erfüllt sind, dann wieder von Kritik oder von Ärger, mal von Befürchtungen, dann von Vorfreude, dann wieder von Abneigung und Ablehnung. Währenddessen treibt uns Terminstress an, irgendeine Sorge beunruhigt uns, und zwischendurch grübeln wir über tausendundeine Kleinigkeit. So ist das Bewusstsein zusätzlich zu den vielen Reizen, die von außen auf uns einprasseln, auch permanent diesem inneren Strom der Gedanken ausgesetzt.

Der Verstand macht unterdessen pflichtgetreu seinen Job und kommentiert sämtliche Wahrnehmungen, Gedanken und Gefühle mit mehrfachen Optimierungsvorschlägen und Problemlösungen. Auch das Nervensystem leistet Schwerstarbeit und macht uns mit viel Adrenalin leistungsfähig. Das Gemüt ist währenddessen oft genug aufgewühlt von wechselnden Emotionen, die mit diesen Turbulenzen verbunden sind. Kennen Sie das auch – von dieser hektischen mentalen Aktivität ferngesteuert zu sein, frei von Gelassenheit oder Heiterkeit durch den Tag manövriert zu werden, oft mit wenig Lebensfreude und Selbst-Bewusst-Sein, dafür durchdrungen von diffusen Stressempfindungen?

Kommen wir abends zur Ruhe, versacken wir in eine Lethargie, bei der wir uns erschöpft vom TV berieseln lassen. Selbst wenn nur uninteressante Programme laufen, zappen wir mit großem mentalem Appetit immer wieder durch alle Kanäle, auch wenn wir uns schon mehrfach überzeugt haben, dass nichts, aber auch gar nichts Interessantes gezeigt wird.

Abschalten aber geht offensichtlich auch nicht.

Man müsste anderenfalls mindestens mit jemandem telefonieren, dazu etwas trinken, zeitgleich einige SMS tippen, das Wochenende verplanen und währenddessen auf dem Laptop im Auge behalten, ob eine neue Mail eingetroffen ist.

Sonst …

Ja, sonst – was?

Verpassen wir dann etwas? Oder fallen wir in ein Loch, in eine langweilige Leere, die nicht zu ertragen ist?

Nähern wir uns dennoch in seltenen Momenten dem Zustand klarer und friedvoller Bewusstheit und wohligem eigenem Präsenzgefühl, findet das kurz vor dem Einschlafen statt und geht normalerweise in Schlaf über, noch bevor wir diesen ruhigen Naturzustand des eigenen Geistes bewusst genießen können. Auch in den ersten Sekunden des Aufwachens spüren wir ihn noch, den tiefen, harmonischen Frieden, der dem eigenen Geist entspringt. Aber der wird zügig von der einsetzenden Gedankenaktivität vertrieben, und schon sind wir wieder in die Tagesplanung und in die Erinnerung an die gestrigen Geschehnisse verwickelt.

Diesen Lifestyle hinterfragen wir normalerweise nicht. Aber ist das Leben in dieser Form unterm Strich interessant genug, spannend genug, erholsam genug, erfreulich genug, liebevoll genug, friedlich genug, glücklich genug?

Befinden wir uns im effizientesten und leistungsfähigsten Modus? Erzeugt dieser Modus Lebensglück? Sind wir täglich gut gelaunt, entspannt, leistungsfähig und ausgeglichen – oder eher überreizt, überfordert, lustlos, getrieben und zerstreut? Leiden wir unter Rückenschmerzen, häufigen Erkältungen, Magendrücken, Kopfweh oder Darmproblemen? Können wir gut und friedlich durchschlafen? Oder gibt es Momente der Depression oder Zeiten, in denen wir uns erschöpft und dem Burn-out nahe fühlen?

Manchmal dämmert uns vage, dass uns etwas Undefinierbares, aber Wichtiges fehlen könnte. Raubt uns der hektische Alltag die Seele? Dann sollten wir dem vielleicht etwas entgegensetzen. Nur was? In die Südsee auswandern oder uns in eine Höhle im Himalaja zurückziehen, um dem alltäglichen Wahnsinn zu entfliehen?

Natürlich nicht. Natürlich gilt es, innerlich zu suchen, um zu finden. Ganz gleich, ob wir die äußeren Lebensumstände vielleicht »entschleunigen« oder sonst wie verbessern können oder nicht, wir können auf jeden Fall aus unserem Inneren heraus unsere ganze Lebenswelt verändern.

»Das Königreich des Himmels ist inwendig in euch« (Jesus), oder:

»Das Königreich des Himmels ist eine Ebene voller Frieden und Wonne. Wir fühlen es, wenn wir tief in uns ruhen und über unser egozentrisches

Bewusstsein hinausgehen« (Sri Chinmoi, Hinduismus). »*Glück ist allein der innere Friede. Lerne ihn zu finden«* (Buddha).

In dem Zusammenhang ist es äußerst inspirierend, tibetischen Lamas zu begegnen, die ungeachtet ihrer Lebensumstände jederzeit eine heitere Gelassenheit ausstrahlen und oftmals Jahrzehnte jünger aussehen, als sie sind. Doch auch wenn die innere Ruhe und Lebensfreude eines Buddhisten, der seit seiner Kindheit Achtsamkeit und Meditation praktiziert, für uns erstrebens- und beneidenswert sein mögen – dieses Level der Zentriertheit lässt sich nicht per Willensbeschluss und auf Knopfdruck erzeugen. Es muss trainiert werden.

Dazu können wir uns aber manches aus dem tibetischen Buddhismus oder aus dem Zen abgucken. Wir finden dort wichtige Grundlagen, die unabhängig von einer bestimmten Konfession sind und die in unserer Psyche für Zufriedenheit und Klarheit sorgen.

Das mentale Geplauder im Kopf

Ein unbemerktes Hindernis für die eigene Zentrierung besteht in der chronischen Hyperaktivität des Verstandes. Der Verstand ist natürlich ausgesprochen wichtig. Aber während der Verstand seine Unentbehrlichkeit suggeriert und behauptet, alleinig unsere Intelligenz zu verkörpern, zieht die unaufhörliche Gedankenaktivität uns permanent aus dem Jetzt hinaus und lenkt uns von der eigenen Präsenz ab. Fortwährend trägt uns das mentale Geplauder weg aus der aktuellen Situation und entfernt uns vom inneren Ich, welches übrigens nicht mit dem Ego oder mit Egoismus zu verwechseln ist. Sogar durch die Hirnforschung der letzten Jahre ist durch Hirnuntersuchungen im Magnetresonanztomografen belegt, dass unter anderem jene Hirnareale, die mit Mitgefühl zu tun haben, durch Achtsamkeit und Meditation aktiviert werden und dass sogar die Dichte der Großhirnrinde zunimmt. Mehr zu diesen hochinteressanten Zusammenhängen und wissenschaftlichen Studien zu Meditation und Achtsamkeitspraxis finden Sie übrigens im letzten Kapitel des Buches.

Wir alle kennen es jedenfalls, wie leicht man vom Alltag absorbiert ist, geistig abwesend, gedankenverloren und zerstreut durch den Tag eilt oder aber viel Zeit vertrödelt. Oft genug handeln wir verärgert oder aufgeregt wie im Affekt, ohne echte Zentrierung, und achten kaum auf uns selbst und unser Tun.

In solcher Gedankenabwesenheit oder Halbtrance verbringen wir vielleicht unbemerkt den Großteil unseres Lebens und versuchen lediglich durch irgendwelche Extremaktivitäten ab und zu echte Lebensintensität herzustellen. Bis hin zum Bungee-Jumping setzen wir uns dann möglichst schrillen Eindrücken aus, um wieder zu intensiver Bewusstheit und Daseinsfreude zu gelangen.

Nichts gegen interessante Aktivitäten, doch für eine wirklich gute Lebensqualität sollten die eigene Präsenz und ein Gefühl der Intensität auch im normalen Alltag immer klar und kraftvoll spürbar sein. Von Montagmorgen bis Sonntagnacht, einfach so, bei allem, was wir tun, und sei es so profan wie Autofahren oder Fernsehen.

Tatsächlich gehört nur ein wenig Entschlossenheit dazu, die innere Achtsamkeit auf das auszurichten, was sich kostbar und beglückend anfühlt, nämlich auf das eigene Dasein im jetzigen Moment.

Haben wir uns einmal dafür entschieden, den Fokus auf das innere Selbst zu richten, etabliert sich die Zentrierung im Alltag fast von selbst. Die absolut gute Nachricht lautet, dass Zentrierung »selbstverstärkend« wirkt. Das heißt, je öfter wir uns daran erinnern, dass wir eigentlich achtsam und zentriert im Ich leben wollen, desto öfter sammeln wir uns allein durch diesen Gedanken in der Gegenwärtigkeit. Wir finden ins Jetzt zurück, dorthin, wo das Leben wirklich stattfindet. Je öfter uns das gelingt, desto schneller bemerken wir wiederum, wann wir wieder einmal in gedankenverlorener vertrödelter Trance vor uns hin leben oder uns aus unserer Mitte haben bringen lassen.

Nach immer kürzerer Zeit gelingt es, sich sofort wieder ins Jetzt fallen zu lassen und präsent und intensiv zu leben. Ein Lebensgefühl, das so beglückend und wohltuend ist, dass man es bald nicht mehr entbehren mag.

Die Übungen zu Präsenz und Selbstgewahrsein weisen übrigens erstaunliche Nebeneffekte auf und besitzen die Tendenz, ganz unterschiedliche psychische Probleme aufzulösen. Das war unter anderem immer wieder bei Selbstwertproblemen zu beobachten, außerdem bei Sucht, Beziehungs- und Bindungsstörungen und bei diversen Ängsten. Bewusstheit besitzt demnach ganz offensichtlich ein umfassendes Heilungspotenzial.

(Un-)Achtsamkeit in Aktion

Achtsamkeit – wozu? Um zu erkennen, weshalb Achtsamkeit so außerordentlich heilsam und wohltuend ist, braucht man nur die Zustände der fehlenden Achtsamkeit beziehungsweise den Zustand der Unachtsamkeit zu betrachten. »Unachtsamkeit« ist in unserem Sprachgebrauch meistens mit einer Panne verknüpft. »Wie unachtsam von mir!«, rufen wir entgeistert aus, wenn wir ein Glas Latte macchiato mit einer fahrigen Handbewegung umgestoßen haben.

Noch eine Stufe weiter geht der Begriff »Achtlosigkeit«. Wenn sich beispielsweise jemand überhaupt nicht darum kümmert, was einem anderen zustößt, nennen wir das Achtlosigkeit. »Mindestens fünfzig Autofahrer sind achtlos an der auf dem rechten Fahrbahnrand liegenden Frau vorbeigefahren«, würde es im Polizeibericht etwa heißen. Achtlosigkeit hat also mit Lieblosigkeit und Rücksichtslosigkeit zu tun, ein Verhalten ohne Achtung eines anderen Wesens.

Achtsamkeit beinhaltet demzufolge schon von Grund auf, auch auf seine Mitgeschöpfe zu achten, ihnen Achtung zu erweisen, anstatt achtlos mit ihnen umzugehen.

Eine achtsame Lebensführung beinhaltet also nicht nur, auf sich selbst, sondern auch auf die Umgebung, die Situation und die Menschen und vielleicht auch auf die Tiere um sich herum zu achten.

Beispielsweise wird eine Partnerschaft, die von gegenseitiger Achtsamkeit geprägt ist, liebevoll, respektvoll und glücklich sein. Geht man mit seinem Partner (oder einem beliebigen anderen Menschen) achtsam um, wird er das positiv und hocherfreut registrieren, sich von seiner besten Seite zeigen und ebenfalls viel freundlicher und achtsamer reagieren. Achtsamkeit erzeugt normalerweise immer eine Resonanz beim anderen und weckt dessen Achtsamkeit. Auch die sprichwörtliche Magie der Verliebtheit hat viel damit zu tun, dass man mit ständiger Aufmerksamkeit beachtet, was der andere tut und meint und fühlt, man ist enorm achtsam auf ihn oder sie ausgerichtet, und die Gedanken, Aufmerksamkeit und Gefühle sind ganz beim anderen. Das ist häufig ein sehr extremer Achtsamkeitszustand, bei dem mancher vielleicht sogar darauf achten sollte, die Achtsamkeit für sich selbst nicht ganz zu verlieren.

Umgekehrt verhält es sich allerdings, wenn man achtlos mit seinem Partner umgeht. Ebenso, wie Achtsamkeit einem Menschen gegenüber dessen Achtsamkeit und positive Energie anspricht, erzeugt Achtlosigkeit beim Gegenüber die Resonanz von Achtlosigkeit und Ablehnung. Für eine Partnerschaft bedeutet das, dass man sich gegenseitig nicht mehr »achtet« und liebt, sondern sich gleichgültig und achtlos behandelt. Wie wir vermutlich alle schon erlebt haben, verlieren sich im achtlosen Umgang miteinander Liebe und Glück dann schneller, als man hinschauen kann, und Frust und negative Emotionen breiten sich aus.

Das Interessante daran ist, dass man zuerst Achtsamkeit für sich selbst entwickelt haben muss, bevor man in der Lage ist, dauerhaft und bewusst achtsam mit einem anderen Menschen umgehen zu können, was dann allerdings leicht fällt.

Wen würden Sie selbst denn als besonders charismatisch und »präsent« empfinden? Vielen fällt dazu spontan der Dalai-Lama ein, auf den das vermutlich zutreffen dürfte. Auch wirklich gute Schauspieler vermitteln im Film diese Art faszinierender Präsenz, sie sind intensiv bei sich selbst, vollständig in ihr eigenes Sein versunken. Sie sind dermaßen zentriert in ihr Tun oder Fühlen *vertieft*, dass sie uns ganz in ihren Bann ziehen. Diese Sammlung wird durch ein auf sie konzentriertes Filmteam noch verstärkt, trotzdem scheinen gute Schauspieler ungeachtet ihrer jeweiligen Rolle in der Lage zu sein, eine faszinierend intensive Selbstversunkenheit, Fokussiertheit und Präsenz zu verkörpern. Darüber ziehen sie uns als Zuschauer mit in ihre »Wirklichkeit« und rufen eine Identifikation mit ihrer Filmperson hervor.

Auf diese Selbstfokussierung wollen wir hier hinarbeiten, auch wenn wir keine Hauptrolle in einer Filmproduktion spielen. Ganz gleich, welche Rolle wir aber dabei im Real-Life-Alltagstheater spielen wollen oder müssen, es besitzt eine ungeheure Magie, dabei achtsam und selbst-bewusst zu sein.

Weshalb ist das so? Macht es nicht viel mehr Spaß, sich treiben zu lassen, wahllos absorbiert zu sein von Gefühlen, von Eindrücken, von Situationen oder emotional gesteuert vom Fernsehprogramm? Hat man im Zustand der Achtsamkeit denn keine Gefühle mehr und ist immer nur noch souverän? Souverän bis gelangweilt? Wie steht es mit Genuss? Die Antworten fallen beruhigend aus, denn selbstverständlich bestehen weiterhin die unterschiedlichsten Gefühle, doch wir sind dabei nicht mehr so außengesteuert. Daher besitzen weder andere Menschen noch Dinge, Wünsche oder Emotionen diese Macht über uns, die uns ganz von uns selbst ablenkt. Gelangweilt sind wir im Zustand der achtsamen Präsenz ganz sicher nicht, im Gegenteil, und meistens untermalt eine subtile Heiterkeit den Zustand der Zentrierung. Und jede Form von sinnlichen Genüssen wird erst durch Achtsamkeit zum Hochgenuss.

Umgang mit Bewusstseinsenergie

Selbstbestimmung und Selbststeuerung sind Schlüsselbegriffe für den optimalen Umgang mit der eigenen geistigen Energie und deren bestmögliche Nutzung. Ganz wesentlich dabei ist jedoch der Unterschied zwischen Egoismus und Zentrierung, was von vielen verwechselt wird, die sich dem Thema Achtsamkeit widmen. Worin aber besteht der Unterschied?

In der Zentrierungspraxis ist dazu ein interessanter Zusammenhang zu beobachten und vor allem selbst zu erfahren. Menschen, die achtsam und zentriert leben, sind erst dann wirklich glücklich und haben eine umwerfend positive Ausstrahlung, wenn diese Selbstfokussierung mit einer echten Herzlichkeit und Herzenswärme einhergeht, also mit Empathie und Freundlichkeit. Fehlt diese Empathie, wirken auch zentrierte Zeitgenossen nicht wirklich kraftvoll und glücklich.

Dieser Zusammenhang erinnert mich an Thomas, Physiklehrer, einen mageren, großer Mann mit klugen, graublauen Augen und grauen Schläfen, fast immer in grau-brauner Kleidung, der über längere Zeit meine Seminare besuchte.* Trotz seiner offensichtlich intensiven Zentrierungspraxis vermittelte er einen etwas verbissenen und schlecht gelaunten Eindruck. Insgesamt wirkte er introvertiert und isoliert, und niemand schien ihn wirklich wahr-

* Alle Namen und näheren Personenbezeichnungen in diesem Buch wurden von mir verändert.

zunehmen. Als ich ihn in einer Pause einmal vorsichtig auf seinen Gemütszustand und die Ergebnisse seiner Praxis ansprach, berichtete er, dass er zwar mittlerweile durch die Achtsamkeitspraxis ständig seiner selbst gewahr sei, aber nach wie vor kaum Kontakt zu anderen Menschen habe. Die Beziehung zu seinen Schülern bezeichnete er als »anonym«. Er habe halt schon immer eine Tendenz zur Eigenbrötelei gehabt und würde wohl unter einer Art Sozialphobie leiden. Daran sei er zwar gewöhnt, doch er fühle sich insgesamt einsam und betrübt, manchmal müsse er sich sogar gegen Suizidfantasien wehren. Resigniert starrte er auf seine Schuhe und schien diesen Zustand für unabänderlich zu halten.

Daraufhin gab ich ihm auf einem Blatt Papier die Übung »Praxis der positiven Emotionen« mit, als eine Art Hausaufgabe bis zum nächsten Treffen. Das war auf jeden Fall einen Versuch wert, dachte ich mir.

Drei Monate später traf ich ihn wieder. Es war erstaunlich, wie sich dieser Mensch verändert hatte. Bislang hatte er stets auf seine undefinierbare Art grau und etwas depressiv gewirkt, und niemand schien ihn zu mögen. Nun war er innerlich und auch äußerlich verändert. Er trug helle Kleidung, hatte strahlende Augen und einen freundlichen Gesichtsausdruck. Er wirkte locker, plauderte während des Seminars mit anderen Teilnehmern und schlug schließlich ein gemeinsames Abschlussessen vor, ein Vorschlag, der gern angenommen wurde. Vor diesem Essen kam er noch zu mir und bedankte sich. Er berichtete, dass er die »Praxis der positiven Emotionen« täglich geübt habe. Er sei ein anderer Mensch geworden, sagte er, es sei keine Übertreibung, dass für ihn ein neues Leben begonnen habe. Durch die Praxis der positiven Emotionen habe sich eine Art Durchbruch in seinem Denken und Fühlen ereignet und seine gesamte Wahrnehmung habe sich positiv verändert. Wie er weiter erzählte, hatte er auf seine sorgfältige Art diese Meditation täglich kurz, aber intensiv praktiziert. Seitdem befinde er sich zum ersten Mal in seinem Leben in echtem Kontakt mit anderen Menschen, auch Tiere würde er nun wahrnehmen und mögen. Seine depressive Grundstimmung sei verflogen und er könne jetzt auf Menschen zugehen. »Es ist, als hätte sich eine Art Hülle aufgelöst, die mich von allem abgetrennt hat«, meinte er. Er habe sich noch nie so locker gefühlt. Sein ganzes Wesen wirkte heiter und freundlich, und man brauchte ihn nur anzusehen, um ihm zu glauben. Beim gemeinsamen Abendessen brachte er die ganze Runde mit zwei Anekdoten zum Lachen, und beim Abschied bemerkte ich, dass er mit anderen Teilnehmern E-Mail-Adressen austauschte. Das hat mich sehr gefreut und beeindruckt, auch wenn ich die wohltuende Wirkung dieser Praxis aus eigener Erfahrung kannte. Seine Veränderung zeigte jedoch besonders anschaulich, wie schnell und wirkungsvoll die Praxis der positiven Emotionen seelische Blockaden und sogar depressive Stimmungen aufzulösen vermag.

Vielleicht kennen Sie selbst ähnliche Beispiele einer positiven inneren Haltung in Ihrem Umfeld. Meiner Beobachtung nach wirken Menschen oft schon allein durch ihre herzliche und warme Gesinnung freudvoll und in sich ruhend. Ich habe diese Eigenschaft manchmal bei Menschen beobachtet, die andere Menschen pflegen und das mit großer Hilfsbereitschaft tun. Sie befinden sich dadurch in einem positiven Zustand, der ihnen die Kraft verleiht, ihre mitunter sehr anstrengende Tätigkeit als schöne und bereichernde Aufgabe zu erleben. Grundsätzlich wirkt nach meiner Beobachtung eine liebevolle Persönlichkeit immer zentriert und dabei nie unangenehm egoistisch. Im

Gegensatz dazu wirkt ein Mensch, der ständig auf den eigenen Vorteil und Profit fokussiert ist, weder charismatisch noch zentriert, sondern einfach nur egoistisch oder konkurrierend und machtorientiert, auf jeden Fall aber »eng« und angespannt. Dieser Typus kennt es irgendwann nicht mehr anders, als in einer Art stressiger innerer Spannung zu leben, getrieben von Emotionen, Machtstreben und Wunschbefriedigung. Doch solange man *ausschließlich* auf das eigene Wohl ausgerichtet ist, hält die Befriedigung der Eigeninteressen nur kurz vor. Jedes Wesen möchte, darf und soll berechtigterweise glücklich sein, aber am besten analysiert man für sich einmal ganz genau, womit man Zufriedenheit und Glück findet, das auch dauerhaft ist – und das Wohlbefinden der anderen hat damit meistens recht viel zu tun. Diese Erkenntnis sollten wir auch bei unserer Praxis der Zentrierung berücksichtigen, denn wenn wir ausschließlich und immer den eigenen Vorteil in der achtsamen Zentrierung suchen, laufen wir sogar in diesem Bereich Gefahr, engherzig zu werden.

Vorsicht, Schwächung! Das Ausfließen von Bewusstseinsenergie

Grundsätzlich bewegen wir uns hier also ein wenig auf einer Gratwanderung, weil die Zentrierung auf die eigene Person natürlich die erste und wichtigste Voraussetzung für den eigenen geistigen Energiehaushalt ist. Denn falls man im anderen Extrem landet und in Gedanken ständig bei einem anderen Menschen und dessen Verhalten oder Eigenschaften verweilt, kostet das definitiv viel zu viel Aufmerksamkeitsenergie. Das passiert zum Beispiel bei einer einseitigen Verliebtheit, bei der man ständig über den anderen nachdenkt und sich nach dessen Zuneigungsbekundung sehnt. Waren Sie schon einmal unglücklich verliebt? Dann wissen Sie noch, wie auszehrend es sein kann, wenn die Gedanken stets um den begehrten Menschen kreisen, der einen aber nicht beachtet. Diese begehrte Person wird gerade dadurch anscheinend immer nur noch stärker und selbstbewusster, während man sich vergeblich nach deren Zuneigung verzehrt. Man verliert darüber viel Energie, denn man hat unbemerkt zu viel mentale und emotionale Macht über sich selbst an diesen anderen Menschen abgegeben. Nach einer Weile fühlt man sich selbst kaum noch existent und verliert sich in mentalen Sphären der Spekulationen, Hoffnungen und Illusionen. Die eigene Mitte zu finden gelingt nicht mehr, man ist nur noch körperlich präsent.

Ein mindestens genauso dramatischer Verlust an geistiger Energie befällt uns, wenn wir über jemanden außerordentlich wütend oder frustriert sind. Ganz gleich, ob wir dann Rachepläne schmieden oder in ärgerlichen Gedanken über diese Person verharren und innere Anklagen mental zig-mal wiederholen – unsere kostbare Bewusstseinsenergie fließt in solchen Fällen aus dem eigenen Geist hinaus, in die mentale Situation oder zu der auslösenden Person hin. Genau diese Portion geistiger Energie fehlt uns dann für unsere Gelassenheit, um in uns selbst zu ruhen und eine friedvolle Selbstwahrnehmung zu genießen. Auch in dieser Form gibt man die Macht über sich an eine andere Person ab und schenkt dieser Person viel mehr Beachtung als sich selbst, außerdem herrscht man nicht mehr über sein eigenes Befinden und seine eigenen Emotionen. In solchen emotionalen Situationen bringt Sie nur die Praxis der Zentrierung zurück in Ihre Mitte, damit Sie wieder in die Macht über sich selbst finden.

Augenscheinlich besteht also grundsätzlich ein großer Unterschied in unserem Energiehaushalt *je nach Art der Emotion*, mit der wir uns in sozialem Bezug befinden. Jeder von uns kennt diese Wechselwirkungen – wenn wir uns liebevoll zuwenden, entsteht sofort eine positive Energie in uns, aber wenn wir unerfüllte Fantasien hegen oder sogar in Missgunst oder verärgerten Schuldzuweisungen schwelgen, verlieren wir an Kraft, Präsenz und Selbstwahrnehmung. Im zweiten Fall generieren wir sogar obendrein recht zügig eine missmutige Stimmung, Verspannung und schlechte Laune. Unser Gehirn ist nämlich darauf spezialisiert, je nach Art der jeweiligen Gedankenaktivität innerhalb von Sekundenbruchteilen den dazu passenden Cocktail an Botenstoffen durch den Körper zirkulieren zu lassen.

Ein dagegen vergleichsweise harmloser Aufmerksamkeits- und Zeitfresser ist für viele von uns das heißgeliebte Internet. Aber wie oft kann einem ein halber Tag entgleiten, indem man stundenlang im Netz herumtrödelt, sinnfrei herumsurft, chattet oder googelt, ohne ein Ende finden zu können. Auch das TV besitzt manchmal einen solch unwiderstehlichen Magnetismus für unsere Aufmerksamkeit. Man zappt von einem Sender zum nächsten, ohne etwas wirklich Spannendes zu finden, zappt aber sicherheitshalber noch einmal und noch einmal. Man könnte fast den finsteren Verdacht hegen, dass sowohl die Ausschaltung des PCs als auch die des Fernsehers über eine Art geheimer Abwehrautomatik verfügt.

Aber Sie können mit dieser Art des Absorbiertseins auch konstruktiv umgehen, wenn Sie möchten. Im Kapitel »Macht über sich selbst behalten – Training für den Alltag« können Sie Ihre Präsenz und Ihr Selbstbewusstsein gerade *während* des Fernsehens gezielt trainieren, was Sie auch für den Alltag coacht und Sie in normalen Alltagssituationen sehr viel stärker zentriert.

Im Zusammenhang mit dem unbemerkten Verlust der persönlichen Aufmerksamkeitsenergie können wir auch einmal hinschauen, ob wir eine Art inneren Hunger oder Unzufriedenheit durch permanente Wunschbefriedigung kompensieren und darüber eine Sucht nach Dingen und einen Kaufzwang entwickeln. Auch hier geschieht unbemerkt das gleiche Ausfließen von mentaler Energie und Bewusstheit, das uns mehr Kraft kostet, als wir glauben. Bildhaft betrachtet erschaffen wir darüber dauernd Verbindungen zu Wunschobjekten, die uns wie mit einem Schlauch mit dem Wunschobjekt verbinden, einem Schlauch, über den geistige Energie, eigene Aufmerksamkeit permanent von uns wegfließen hin zu diesem Objekt.

Das kann zu einer unbemerkten jahrelangen Gewohnheit werden, wodurch sich ein unbewusstes Ausfließen von Energie etabliert. Ebenso, wie wir durch eine Fixierung auf die Verhaltensweisen anderer Menschen die Macht an diese abgeben, tun wir das in diesem Fall auch, nur geben wir dann den Dingen und der Wunschbefriedigung eine erhebliche Macht über die eigene Person und das persönliche Wohlbefinden. Es schadet daher nichts, ab und zu einmal einen ehrlichen und reflektierten Blick auf die eigenen Angewohnheiten zu werfen und einmal nachzuschauen, wer oder was gerade (zu) viel Macht über uns hat und wohin unsere mentale Energie fließt. Männer mögen an dieser Stelle bissig anmerken, dass die übervollen Schuhschränke mancher weiblicher Wesen demnach vor mentaler Energie nur so strotzen dürften.

Etwas anderes ist es natürlich, wenn wir ein klares Ziel definieren, mit dem wir ebenfalls wie mit einer Art Schnur verbunden sind, und dieses Ziel darüber bewusst »aufladen«. Zum Beispiel: »In drei Jahren werde ich den Betrag X angespart haben und damit mein eigenes Unternehmen gründen. In weiteren fünf Jahren wird dieses Unternehmen Gewinn abwerfen und schwarze Zahlen schreiben.«

Der Unterschied ist klar. Im zweiten Fall richten wir die eigene geistige Energie wie einen Laserstrahl aktiv auf ein Ziel aus und entscheiden, dass die eigene Energie in beträchtlichem Umfang in das anvisierte Projekt fließt. Im ersten Fall der permanenten Wunschbefriedigung hat sich dagegen unbemerkt ein suchtartiger »Drain« etabliert, über den wir eine beträchtliche Portion Zeit, mentale Energie und Selbst-Bewusstheit verlieren. Es kann auf jeden Fall nicht schaden, einmal reflektiert hinzuschauen und seine individuellen Aufmerksamkeitsvampire zu entlarven.

Stress, Disharmonie oder Streit

Was sind denn die größten Feinde der Achtsamkeit und des wohligen Zustands, in der eigenen Mitte zu ruhen?

Es sind vor allem zwei Faktoren, die uns daran hindern, ganz bei uns selbst zu sein. Erstens: Stress und Hektik. Zweitens: negative Emotionen. Denn trotz aller Erkenntnis über Achtsamkeit ist es schwierig bis unmöglich, zentriert und gelassen zu bleiben, während man gleichzeitig verärgert, genervt oder aufgeregt ist.

Daher liegt die einfachste Lösung darin, sowohl Stress als auch negative Emotionen möglichst erst gar nicht aufkommen zu lassen. Im Alltag ist das natürlich leichter gesagt als getan, und daher finden wir im Praxisteil eine Übung, um negative, aufwühlende oder leidvolle Emotionen durch die Zentrierungspraxis mit dem Laserstrahl der Bewusstheit gezielt aufzulösen (s. Seite 108 ff.).

Doch grundsätzlich hilft es, sich möglichst erst gar nicht in Stress oder Ärger zu verlieren. Schließlich kostet das enorm viel mentale Energie und bringt uns buchstäblich »aus dem Häuschen«. Wohl jedem dürfte die Erfahrung vertraut sein, dass das Empfinden, in sich selbst zu ruhen und gelassen in sich verankert zu sein, durch Hektik oder negative Emotionen unmittelbar dahin ist. Die simplen Schlussfolgerungen lauten:

- Erstens, den Tag so weit zu »entschleunigen«, dass möglichst keine Hektik entsteht. Gönnen Sie sich eine »Wohlfühlplanung« mit moderatem Timing.
- Zweitens gilt es, Konflikte, Ärger und Streit zu vermeiden oder möglichst zeitnah zu bereinigen.

Vor allem in diesem zweiten Bereich sollten wir uns im eigenen Interesse emotional stabilisieren, um Konflikte und Konfliktpotenzial möglichst zu entschärfen. Diese emotionale Stärkung und Harmonisierung finden Sie im Kapitel »Praxis der positiven Emotionen«. Diese Praxis fördert sehr intensiv, im Umgang mit anderen freundlich und souverän zu agieren und in einem heiteren, gelassenen Gemütszustand zu leben.

Die Praxis der Zentrierung wird Sie darin ohnehin sehr stark stabilisieren, denn ein gelassenes, echtes Selbst-Bewusst-Sein erzeugt als Begleiterscheinung ein ruhiges, freundliches Durchsetzungsvermögen, eine Art natürliche Autorität in Verbindung mit Fairness. Das verleiht Ihnen ein Auftreten und eine Ausstrahlung, die Disharmonie meist erst gar nicht aufkommen lässt. Zusätzlich braucht es dann nur noch die Vermeidung von Stress und Hektik durch eine achtsame Zeitplanung mit genügend Vorlaufzeit.

Wie gehe ich mit Machtstrukturen in Beziehungen um

Ein relevanter Faktor hinsichtlich der eigenen persönlichen Kraft und Präsenz ist die Art, wie wir mit Machtstrukturen umgehen, vor allem in unseren Beziehungen, also auf der emotionalen Ebene.

Es geschieht meistens ziemlich unbewusst, dass man beispielsweise in Liebesbeziehungen dem anderen viel (zu viel) emotionale Macht über sich selbst einräumt. Oder selbst eine möglichst große emotionale Macht über den Partner besitzen möchte. Oft geht sogar beides gleichzeitig miteinander einher, sodass eine starke Vernetzung solcher inneren Machtstrukturen in unseren partnerschaftlichen oder in den engen familiären Beziehungen besteht.

Nur bei genauem Hinsehen erschließt sich, dass wir jedoch erst dann im Vollbesitz der eigenen Macht und Kraft sind, wenn wir diese Macht weder an einen anderen Menschen abgeben noch versuchen, einen anderen Menschen emotional und psychisch zu kontrollieren. Was uns daran nämlich innere Sicherheit zu versprechen scheint, ist eher eine Falle, die uns in Wirklichkeit zunehmend die Selbst-Sicherheit raubt.

Jeder von uns ist in jedem Moment der Hauptdarsteller in seinem eigenen Lebensfilm. Das sollte man zuerst einmal sich selbst zuerkennen und auch jedem anderen gönnen und erlauben. Dieser Hauptrolle und Zentralposition bleibt man sich immer bewusst. Das hat zur Folge, dass man die ganze emotionale Macht bei sich selbst behält – was einen sehr kraftvollen Lebenszustand mit sich bringt. Sobald man hingegen in hohem Maß abhängig von Zuwendung, Anerkennung oder bestimmten Verhaltensweisen seitens des Partners oder durch Dritte ist, besteht eine unterschwellige, aber deutliche Schwächung der eigenen Identität und Kraft.

Das müssen wir differenzieren, denn selbstverständlich sollen wir lieben, Nähe genießen, anderen helfen und in der Lage sein, sowohl zu dirigieren als auch uns unterzuordnen, je nach Situation. Es geht keinesfalls um innere Distanz, Lieblosigkeit oder Gleichgültigkeit.

Aber wenn wir zentriert leben wollen, sollten wir gerade in der Partnerschaft und in ganzer Liebe zum Partner dieses Macht-Thema im Auge behalten und darauf achten, den anderen nicht zu dominieren oder ihn besitzen zu wollen. Ebenso sollten wir auch uns selbst nicht emotional komplett ausliefern oder dominieren lassen. Echte Liebe achtet stattdessen darauf, was dem anderen wirklich guttut und was ihn stärkt, anstatt danach zu streben, »die Oberhand« zu behalten. Diese Art von tieferer Liebe schützt vor Machtspielchen, die längerfristig immer deutlich schwächen und problematische Konstellationen erzeugen.

Es versteht sich von selbst, dass wir aus der Macht über uns selbst nicht versuchen, Macht über andere Menschen zu gewinnen. Dadurch würden sich die Machtstrukturen ohnehin nur wieder vermischen, was die eigene Präsenz wiederum enorm verringert. Bei sehr tyrannischen Menschen, die beispielsweise ihren Ehepartner unterdrücken und dominieren, sieht man oft, wie abhängig der Dominierende psychisch insgeheim vom Dominierten ist. Falls der Unterdrückte sich doch einmal entzieht oder auch nur einige Schritte Abstand nimmt, verfällt der Beherrschende in Angst und Schrecken. Sofort versucht er aufgrund seiner Schwäche mit allen Mitteln die volle Kontrolle zurückzuerlangen.

Macht oder scheinbare Macht über einen Menschen zu haben verleiht niemals echte innere Macht. Die Kontrolle über einen Menschen auszuüben geht grundsätzlich nach hinten los, weil man dabei auf subtile Weise die echte Macht, nämlich die Macht über sich selbst, die identisch mit Präsenz ist, verliert.

Oft hilft in diesem Zusammenhang einfach der Gedanke: »*Erlaube ich dieser Äußerung/Verhaltensweise, Macht über meine Emotionen zu bekommen? NEIN!*« Konzentrieren Sie sich daraufhin intensiv auf Ihr Ich, auf Ihren inneren Beobachter. Betrachten Sie von da aus achtsam die aufkommende Emotion, und entscheiden Sie, ob Sie Ihre Aufmerksamkeit entweder auf die Emotion oder lieber auf Ihr Ich richten. Erlauben Sie die Emotion, verlieren Sie »Bewusstseinsenergie«. Entschciden Sie sich jedoch für die Fokussierung auf Ihr Ich, Ihren inneren Beobachter, bleiben Sie wach, klar und bewusst bei sich selbst. Wir haben im gegenwärtigen Moment immer die Möglichkeit, uns zu entscheiden, ob wir klar und stark bei uns selbst bleiben oder uns in Ärger oder in der Verletztheit über eine Verhaltensweise verlieren wollen.

Auch wenn Schuldzuweisungen an andere oder Anklagen mitunter gerechtfertigt erscheinen oder vordergründige Überlegenheit oder Macht versprechen, beinhalten sie tatsächlich immer eine Entkräftung der eigenen Präsenz. Wenn wir jemandem erlauben, schuld an einem eigenen Problem zu sein und vor allem es *zu bleiben*, offenbart das die eigene Schwäche, diese Situation nicht verbessern zu können, außerdem sind wir infolge solcher Schuldzuweisungen mit der Bewusstseinsenergie beim anderen statt bei uns selbst.

Dass echte innere Autonomie und emotionale Stärke mit Selbstverantwortung für die eigenen Lebensumstände einhergehen, versteht sich von selbst. Wer kraftvolle Präsenz etablieren möchte, erlaubt sich keine Schuldzuweisungen, weil das dem anderen zu viel Macht einräumt. Selbstverantwortung bedeutet, vorhandene Missstände, unter denen man leidet, entweder aktiv zu korrigieren oder aber Frieden mit ihnen zu schließen und sie zu akzeptieren.

Die Einschätzung, das »Opfer« von jemandem zu sein, ist immer kontraproduktiv und schwächend. Wie bewundernswert und stark sind dagegen beispielsweise jene Menschen, die sogar misshandelt oder vergewaltigt wurden und die anstelle von Selbstmitleid, Hass und Schuldzuweisungen eine Initiative für Menschen mit ähnlichen Problemen gegründet haben. Dadurch verwandeln sie Ohnmacht in Macht, sogar nach zutiefst verstörenden oder verletzenden Ereignissen.

Grundsätzlich gilt: Je stärker die Autonomie und Selbstverantwortung, desto mehr wachsen persönliche Kraft und Präsenz an.

Soziale Kompetenz durch Achtsamkeit

Viele Menschen praktizieren Strategien, um soziale Macht zu gewinnen. Von geheucheltem Interesse über falsche Freundlichkeit bis hin zu subtiler Erpressung oder offensivem Mobbing finden in manchen Unternehmen oder Institutionen Methoden statt, die dem Einzelnen möglichst viel Einfluss verschaffen sollen. Auch wenn das manchmal kurzfristige Erfolge erzeugt, entstehen dadurch für alle Beteiligten weder Wohlbefinden noch eine echte, sympathische Autorität.

Ein Mensch, dessen Motivation ständig darauf fokussiert ist, wo *sein persönlicher Vorteil* liegt, was *er* davon hat oder worin *sein* Profit liegt, ist vielleicht in der Lage, eine längere Zeit trotzdem sympathisch zu wirken, weil er eine machtorientierte und strategische Freundlichkeit praktiziert, auf die andere »hereinfallen« und positiv reagieren. Wer aber zu den etwas sensiblen Zeitgenossen gehört, wittert bei solchen Menschen deren chronisch-egoistische Motivation, weil diese ganz offensichtlich mit einer inneren Verkrampfung und Verspannung einhergeht. Es ist nicht wirklich angenehm, mit einem solchen Menschen zusammen zu sein, außer man narkotisiert seine Instinkte vielleicht mit Alkohol und ist selbst auf diesem Trip und bildet egofokussierte Nutzgemeinschaften.

Achten Sie in diesem Zusammenhang einmal darauf, mit welchem Menschen Sie eine angespannte, gehemmte Kommunikation führen und sich scheinbar grundlos gestresst fühlen. Mit wem Sie sich hingegen einfach wohl und entspannt fühlen. Wem Sie freiwillig und gern eine Führungskompetenz zugestehen würden. Bei Letzteren findet sich vermutlich eine warmherzige Aufmerksamkeit für die Mitmenschen und außerdem eine erfrischende Authentizität, Eigenschaften, die wohltuend wirken und wohltuend, gute soziale Strukturen ermöglichen.

Diese angenehme und freundliche Art ist manchen vielleicht in die Wiege gelegt, doch es ist nicht schwierig, diese Form der sozialen Kompetenz zu erlernen und zu trainieren. Falls Sie es nicht schon sind – möchten Sie gern ein Mensch sein, der auf andere angenehm und wohltuend wirkt? Der beliebt ist und respektiert wird? Wenn Ihnen das wichtig ist, brauchen Sie Ihre Achtsamkeit einfach nur auf das Befinden Ihrer Mitmenschen zu richten. Fühlen Sie sich ein, wie es Ihrem Chef, Ihrem Untergebenen, Ihrer Freundin, Ihrem Freund, Ihrem Bruder, Ihrem Kollegen oder der Supermarktkassiererin gerade geht. Fühlt dieser Mensch sich wohl, hat er Probleme, wirkt er verkrampft? Versuchen Sie, die Menschen um Sie herum in ihrer jeweiligen Befindlichkeit zu erkennen, und zwar nicht kritisch lauernd, sondern aus einer gutartigen, einfühlsamen Motivation heraus.

Die Voraussetzung für soziale Kompetenz liegt also zuallererst in der freundlichen Motivation! Kommt zu dieser freundlichen Motivation auch noch Achtsamkeit für den anderen hinzu, verleiht Ihnen das augenblicklich echte soziale Kompetenz.

Achtsamkeit und der »Echo-Effekt«

Man wird es nicht immer perfekt umsetzen können, aber wir sollten uns dessen zumindest bewusst sein, dass wir uns grundsätzlich immer in einem »Echo-Effekt«, in einem Resonanzfeld, befinden. Das gilt für all unsere Kontakte, Beziehungen und Freundschaften. Besonders zeitnah und konkret können wir diesen »Echo-Effekt« aber in der Partnerschaft beobachten.

In einer Partnerschaft haben sich mit der Zeit eine bestimmte Sichtweise und Umgangsform zwischen zwei Menschen etabliert, und jeder der Partner reagiert darauf – meist unbewusst. Fokussiert man sich eher auf die Liebe und Zuneigung zum Partner, statt ihn kritisch wahrzunehmen, verhält man sich nicht nur anders, sondern spricht auch ganz anders. Die eigene Stimme transportiert nämlich viel mehr Informationen, als uns das normalerweise bewusst ist, und der Tonfall und Stimmklang sind liebevoller, wenn wir uns dem Partner mit echter Herzlichkeit zuwenden und ihn außerdem noch mit seinem Kosenamen ansprechen. Der Echo-Effekt wird dazu führen, dass der Partner ebenfalls wärmer und respektvoller mit uns umgeht.

Bei manchen Paaren hat sich unglücklicherweise eine mehr oder weniger subtile Geringschätzung eingeschlichen, die auch gerne einmal herablassend kommuniziert wird: »Komm, lass *mich* das sauber machen, sonst wird das ja sowieso nur Schlamperei!« Der Echo-Effekt führt dazu, dass der andere nicht nur auf stur schaltet, sondern Sie innerlich ebenfalls respektlos, kritisch und negativ beurteilt, entweder stillschweigend oder indem er das ebenfalls mitteilt. Das Ergebnis ist natürlich eine disharmonische Beziehung mit gegenseitiger Geringschätzung und Kritik. »Wie man in den Wald hineinruft …«, lautet die allseits bekannte Volksweisheit.

Mit Achtsamkeit kann man stattdessen den eigenen inneren Fokus auf die liebenswerten Seiten des anderen richten. Eine Kommunikation fällt dann ganz von selbst anders aus: »Schatz, ich mach das hier jetzt mal sauber, könntest du währenddessen bitte schon mal die Spülmaschine ausräumen?«

Im Partnerschaftsalltag gibt es täglich viele kleine Verhaltensweisen, die aus einer bestimmten inneren Haltung und einem bestimmten Gefühl resultieren und die beim Partner zeitgleich die entsprechende Resonanz auslösen. Bei Verliebten, die völlig fasziniert vom anderen sind, werden ständig rosarote Wölkchen produziert, mit denen sich beide sehr glücklich fühlen. Man freut sich über die Gegenwart des anderen, säuselt süße Liebesbotschaften, und auch die alltäglichen Dinge werden sehr liebevoll mitgeteilt. »Mein Liebling, komm, wir räumen noch schnell die Küche auf. Soll ich wischen und du räumst die Spülmaschine aus?« Dieser zuckersüß dahingehauchte Satz wird noch mit einem Küsschen und einem Lächeln garniert und beide sind im siebten Himmel der Liebe. Nie im Leben käme ein verliebter Mensch auf die Idee, den geliebten Partner mit einem Satz wie »Komm, lass *mich* das sauber machen, sonst wird das ja sowieso nur Schlamperei!« zu konfrontieren. Natürlich nicht, denken Sie, wenn ich den anderen liebe, dann behandle ich ihn ja auch freundlich. Beim Partner haben wir aber mit der Zeit oft vergessen, dass wir ihn eigentlich lieben, und halten seine Gegenwart für selbstverständlich.

Dann braucht man halt nicht mehr besonders nett zu sein, sondern kann sich gehen lassen, meint man, weil man sich schließlich ohnehin gelegentlich über ihn ärgert. Wir alle kennen diese Dynamik, die oft genug damit endet, dass man sich trennt. Weil man den anderen nicht mehr ertragen kann – obwohl es noch der gleiche Mensch ist, dem man vor einigen Jahren noch verliebte und zärtliche Liebesbekundungen ins Ohr geflüstert hat und daraufhin ein glückliches und zärtliches Lächeln erwidert bekam. Tatsächlich haben wir jedoch eine emotionale Abwärtsspirale in Gang gesetzt, indem wir zu viel negative Energie erlaubt haben – die vom anderen entsprechend negativ beantwortet wurde.

Es ist offensichtlich, dass wir die Gefühlsenergie, die zwischen uns und anderen Menschen herrscht, aktiv gestalten, nur tun wir das meistens unbewusst, also acht-los. Mit achtsamer sozialer Kompetenz schauen wir nicht nur hin, wie es dem anderen gerade geht, sondern wirken zusätzlich auch noch positiv auf ihn ein, bringen ihn vielleicht zum Lachen oder schenken ihm ein freundliches Feedback, über das er sich freut. Wenn wir nur ein wenig zentriert und achtsam sind, kostet uns ein freundlicher und konstruktiver Satz nicht mehr Energie als ein kritischer Satz, aber das Echo darauf wird uns selbst gute Laune schenken.

Zentrierung versus Sucht

Achtsamkeit und vor allem Zentrierung – das Gewahrsein des eigenen Seins im gegenwärtigen Moment – haben viele therapeutische Auswirkungen. Eine davon bezieht sich auf Sucht in jeder Form. Das innere Gewahrsein des eigenen SELBST, das »Bewusst-wach-klar-friedlich-genussvoll-im-Moment-gegenwärtig-Sein« füllt genau die Leere, in der sich Sucht einnisten konnte. Sucht sucht sich bekanntlich irgendein Vakuum, das sich in der Persönlichkeit gebildet hat, vielleicht durch ein Trauma, durch eine frühkindliche Verletztheit, durch Liebes- oder Geborgenheitsmangel oder sonstige inneren Konflikte.

Das vorhandene Defizit oder Vakuum, das man unbewusst durch eine bestimmte Substanz oder ein Suchtverhalten zu füllen versucht, wird in Wirklichkeit nur durch die intensive eigene Präsenz gesättigt. Die »Füllung«, oder besser gesagt Er-füllung dieses Vakuums geschieht nur durch Gegenwärtigkeit und durch die machtvolle Präsenz der eigenen Bewusstheit. Wer im Jetzt verweilt, erlebt keinen Mangel, kein Defizit und keine Unzufriedenheit. Sind wir im eigenen Selbst beziehungsweise im JETZT verwurzelt, fühlen wir uns geborgen, zufrieden, glücklich und verbunden mit allem Sein, ganz gleich, was wir gerade tun. Ein beglückender Zustand, den kein Suchtverhalten ersetzen kann.

Psychisch-emotionale Suchtformen wie beispielsweise chronischer Liebeshunger erlösen sich durch die Zentrierung im Selbst und im Gegenwärtig-Sein von selbst. Es ist sogar erstaunlich, wie schnell sich diese Heilung in Form einer »Sucht-Befriedigung« vollzieht, wenn man die Gegenwärtigkeit und die Wahrnehmung des Jetzt und des eigenen Selbst eine Weile praktiziert. Es entstehen dadurch eine innere Sättigung und Zufriedenheit, die weder irgendwelcher Substanzen noch Umstände bedarf.

Vor allem die weitverbreitete übermäßige Sucht nach Anerkennung und Bestätigung, die einen Menschen sein Leben lang verfolgen, manipulieren und einschränken kann, löst sich mit der Praxis der Zentrierung auf. Es wird dem Betroffenen möglich, sich aus diesem Hunger und Getriebensein zu lösen und endlich selbstbestimmt zu entscheiden, was er im Leben für sich selbst tatsächlich möchte und das auch zu verwirklichen.

Amerikanische Studien mit Jugendlichen haben gezeigt, dass bei denjenigen, die Achtsamkeitsmeditation praktizieren, die Gewaltbereitschaft signifikant sinkt. Die Schüler zeigten sich kooperationsbereiter und teamfähiger. Gleichzeitig stieg die Konzentrationsfähigkeit deutlich an, außerdem war die Drogenanfälligkeit niedriger. Erste Schulen integrieren die Achtsamkeitspraxis als wesentlichen Aspekt bereits in das innovative Lernfach »Glücksunterricht« oder führen im Unterricht Achtsamkeitsübungen durch, wovon nicht nur die Schüler, sondern auch die Lehrer durch das bessere und stressfreiere Unterrichtsklima profitieren, ein sehr vielversprechender Ansatz.

Die »Glücks-Eigenschaften«

Eine der wichtigsten Erkenntnisse der Achtsamkeitsmeditation oder Zentrierungspraxis lautet, dass wir tiefes, dauerhaftes Glück nur im eigenen Geist finden können. Offensichtlich ist nur das eigene Bewusstsein das einzig über Jahrzehnte Beständige, das jeder von uns besitzt, und wie wir mit dieser kostbaren Energie umgehen, bestimmt unser Dasein.

Vermag ich in den eigenen Geist einzutauchen und darin zu ruhen – klar und präsent? Oder verschleudere ich die Energie meiner Aufmerksamkeit wahllos in die Welt hinaus und verliere sie an Situationen, Emotionen, Objekte, belanglose Kontakte? Erliege ich der Bindung an ein Objekt oder an tausend Wünsche? Bin ich oft schlecht gelaunt oder genervt oder meistens heiter und entspannt? Bin ich von Gefühlen beherrscht, die an mir herumzerren, von Ärger, Rivalität oder Befürchtungen?

Wenn es sich bei Aufmerksamkeit tatsächlich um eine so wichtige Energie handelt, sollte man sie folglich nicht vergeuden oder Objekte damit »aufladen«, es sei denn, man möchte das gezielt und willentlich tun. Ansonsten ist es sinnvoller, die Aufmerksamkeitsenergie für die Zentrierung und das eigene Wohlbefinden zu nutzen, eine Ausrichtung, die, wie gesagt, nichts mit Egoismus zu tun hat. Denn nur aus der eigenen Mitte und der inneren Sammlung heraus kann man Empathie entwickeln und eine Bereicherung für die Welt darstellen. Der eigene Geist ist der einzige Brunnen, aus dem wir auf Dauer schöpfen können, um ein angenehmer Mitmensch zu sein.

Um glücklich zu leben, brauchen wir also tatsächlich einfach nur tief in die Natur des eigenen Geistes einzutauchen, denn dort finden sich alle Eigenschaften und Zustände, die wir zum Glücklichsein brauchen.

Diese uns allen innewohnenden »Glücks-Eigenschaften« sind dabei erstaunlich überschaubar:

1. Die Fähigkeit, körperlich und nervlich entspannt zu sein.
2. Die Fähigkeit, negative oder schmerzhafte Emotionen loslassen oder auflösen zu können.
3. Prinzip Herzenswärme: echte Freundlichkeit, Mitgefühl, Neidlosigkeit und Toleranz.
4. Geistige Klarheit und ruhige Konzentration (Achtsamkeit).
5. Zentrierung, Selbst-Bewusst-Sein, Präsenz.

Diese Glücks-Eigenschaften entstehen durch die Achtsamkeitspraxis wie von selbst. Es gibt dazu sehr interessante Forschungsergebnisse aus der Hirnforschung, die beschreiben, dass sich durch Achtsamkeitspraxis und durch Meditation bestimmte Hirnareale, die mit positiven Emotionen, Gelassenheit und Konfliktbewältigung in Verbindung stehen, vergrößern. Diese interessanten Studienergebnisse finden Sie am Ende dieses Buches zusammengefasst. Solche Zusammenhänge können sehr motivierend auf unsere Praxis wirken, denn durch die Entfaltung dieser sogenannten Glücks-Eigenschaften verändern sich der Hirnstoffwechsel und sogar die Größe bestimmter Hirnareale. Darüber entfalten wir die »Glücks-Eigenschaften« (siehe Kapitel 10 »Positive Emotionen und Glücks-Eigenschaften entfalten«) vergleichbar einem Sportler, der seine Muskeln trainiert. Infolgedessen gewinnen wir eine Lebensqualität von innen heraus, die uns unabhängiger von äußeren Situationen macht. Man vermag zunehmend geistig klar und leistungsfähig zu sein und dabei in einem heiteren Glücksgefühl zu ruhen.

Erfreulicherweise wachsen diese Glücks-Fähigkeiten durch Achtsamkeit und Zentrierung wie junge Pflanzen, die gegossen und gedüngt werden. Beginnt man mit diesem Training, setzt man positive innere Energien in Gang, die sich gegenseitig verstärken.

Dieser Zustand des Wohlbefindens und der harmonischen Gelassenheit wirkt sich auch auf die sozialen Kontakte, auf die Leistungsfähigkeit und auf die Gesundheit aus. Der Körperstoffwechsel verbessert sich, weil das Gehirn durch die Entfaltung der Glücks-Eigenschaften größere Mengen der Glückshormone Serotonin, Endorphin und Dopamin produziert. Diese Botenstoffe fördern das psychische Wohlbefinden und wirken sich auf physiologische Vorgänge aus. Serotonin sorgt beispielsweise für Heiterkeit, Gelassenheit und auch für guten Schlaf, Dopamin aktiviert und motiviert uns, und Endorphine sorgen für Freude und gute Laune. Zirkuliert dagegen ein hoher Pegel der Stresshormone Adrenalin und Kortisol in unserem Körperstoffwechsel, sind wir nicht nur nervös und unruhig, auch das Immunsystem wird geschwächt. In der Folge können sich psychosomatische Beschwerden wie Magenprobleme, Bluthochdruck, Kopfschmerzen, Reizdarm, Rückenschmerzen, Schlafstörungen und viele weitere unliebsame Symptome einstellen.

Selbstgewahrsein als Schlüssel

Es geht bei der Achtsamkeit im Alltag immer darum, ob wir das, was wir tun, *bewusst* tun. Dann passiert es den emsigen Multitaskern und mitunter leicht chaotischen Kreativen unter uns auch nicht mehr so leicht, dass sie den Autoschlüssel in den Kühlschrank legen und mittels Fernbedienung zu telefonieren versuchen.

Die nächste Stufe der Zentrierung liegt darin, das, was wir inzwischen bereits wunderbar bewusst zu tun geübt haben, zudem *SELBST-bewusst* tun. Das bedeutet, dass wir uns sowohl in den stressigen als auch in profanen oder langweiligen Alltagssituationen der eigenen Präsenz bewusst sind und im jetzigen Moment leben.

Als Erstes geht es also darum, die Dinge bewusst zu tun.

Beim Selbstgewahrsein und bei Ihrer Zentrierung geht es um die Frage »Wer ist Hauptdarsteller(in) in meinem Leben?«

Eine weitere Frage könnte lauten: »Bin ich ganz bei mir selbst, ruhe ich in meiner Mitte? Oder haben Emotionen, Situationen oder Personen zu viel Macht über mich?«

Nur wenn Sie die Macht über sich selbst haben, ruhen Sie in Ihrer Mitte und spielen die Hauptrolle in Ihrem Leben. Sie sind zentriert. Sie gehen achtsam und liebevoll mit anderen um, und Sie sind gleichzeitig ruhevoll in sich selbst verankert.

Leider haben viele von uns den Zustand dieser natürlichen Zentriertheit und Präsenz bereits seit der frühen Kindheit verlernt, weil unsere Kultur anderen Dingen die Priorität gegeben hat. Doch diese Präsenz ist ohne Weiteres wieder möglich und hängt nicht im Geringsten davon ab, was wir tun, wie alt wir sind und wie die gesamte Lebenssituation aussieht.

Ist Ihnen schon einmal aufgefallen, dass Sie in Wirklichkeit sowieso nie einen anderen Zustand als die Gegenwart erleben und jederzeit im immerwährend vorhandenen JETZT präsent sind? Dass eine andere Zeitdimension für Sie niemals real existiert? So gesehen leben wir eigentlich in der Ewigkeit, nämlich in der Ewigkeit des immer präsenten Jetzt-Moments, ganz gleich, welche Wahrnehmungen oder Erlebnisse an unserem inneren wahrnehmenden Ich vorbeiströmen mögen. Wir haben nicht einmal wirklich die Chance, diesem ewigen Jetzt zu »entrinnen«. Aber wir sind immerhin eifrig damit beschäftigt, uns geistig davon abzulenken und mental überall herumzugeistern, in der Vergangenheit, in der Zukunft, in einer Emotion oder Situation, einer Fantasie oder an einem fernen Ort – nur nicht im Jetzt. Also auch nicht im eigenen Bewusstsein, das fest im Jetzt ruht. Daher bringt die Besinnung auf den gegenwärtigen Moment uns automatisch ins Selbstgewahrsein zurück.

Durch die Achtsamkeitspraxis lernen wir, im Alltag wieder zentriert und präsent im Jetzt zu verweilen und uns, sobald wir merken, dass wir geistesabwesend sind oder uns in Emotionen verlieren, sogleich wieder im »Jetzt« und im Selbst zu verankern.

Im Zen heißt es, dass uns *alles*, was wir *achtsam tun*, sofort wieder in die Gegenwärtigkeit, ins eigene Selbst und ins JETZT bringt. Ganz gleich, ob wir achtsam atmen, achtsam den Rasen mähen, achtsam der Brötchenverkäuferin begegnen oder achtsam einen Weltrekord im Stabhochsprung erringen, also ganz gleich, worauf wir wach und konzentriert achten, es bringt uns stets in die Gegenwärtigkeit und in das eigene Selbst zurück.

Lesen Sie jetzt gerade diese Zeilen achtsam? Sind Sie sich Ihrer Körperhaltung, Ihrer inneren Stimmung, Ihres Atems gewahr? Fühlen Sie sich entspannt?

Jetzt oder nie – lautet dabei grundsätzlich die Devise! Schieben Sie dieses »Projekt« nicht auf, denn damit verlieren Sie nur kostbare Zeit. Was wir uns für die *Zukunft* an Achtsamkeit und Lebensglück vorstellen, ist unerreichbar fern. Wichtig ist, dass wir uns JETZT in diesem Moment darum kümmern und dem Verstand mit seinen chronischen Ausflüchten, das Lebensglück irgendwo in der Zukunft zu finden, ein Schnippchen schlagen.

Erfreulicherweise gibt es eine Menge interessanter Möglichkeiten, die wir nutzen können, um immer mehr Selbstgewahrsein zu entwickeln, und genau diese Vielfalt macht es uns leicht. Sowohl im strapaziösesten als auch im langweiligsten Alltag existieren tausend Tore zu mehr Präsenz, zum Jetzt und zum Glücklich-SEIN.

Im Folgenden werden wir uns damit beschäftigen, etliche davon kennenzulernen und vielleicht auch sehr unterschiedliche davon zu nutzen, denn der Geist liebt Abwechslung – auch in seinen Trainingsmethoden. Die Übungen des Praxisteils sind dabei eigentlich aufeinander aufbauend, müssen aber nicht zwingend in der vorgegebenen Reihenfolge praktiziert werden.

Sie werden manche der Methoden interessant finden – andere wiederum weniger. *Nutzen Sie aber nur die Methoden, von denen Sie sich angesprochen fühlen!* Wenn Sie sehr experimentierfreudig sind, dürfen Sie die Zentrierungen auch gern alle ausprobieren, nutzen Sie sie dann aber bitte nicht alle gleichzeitig, *sondern jeweils höchstens (!) eine Methode pro Tag.* Wenn sich für Sie die Methoden herauskristallisiert haben, die besonders wohltuend und effizient sind, können Sie diese dann auch abwechseln oder miteinander kombinieren, wenn Ihnen das hilfreich erscheint.

Vorher sollten Sie aber eine Methode, die Ihnen zusagt, möglichst für eine oder mehrere Wochen durchführen, bevor Sie wechseln, falls Sie dann überhaupt noch wechseln möchten.

Picken Sie sich also jeweils eine der Methoden (= ein Praxiskapitel) heraus, die Sie für mindestens einen Tag praktizieren, am besten sogar in Verbindung mit der dazugehörigen Meditation. Für Ihre Alltagspraxis empfiehlt es sich, eine *Unterstützung in Form von zahlreichen kleinen Merkzetteln zu nutzen,* vielleicht mit einem kleinen Zeichen oder Symbol für Ihre aktuelle Zentrierungsübung. Diese Notizzettelchen deponieren Sie an allen möglichen Stellen, zum Beispiel in der Geldbörse, an der Kaffeemaschine, an Ihrem Autoradio, am Handy, neben den Küchenkräutern, am PC-Screen, Badezimmerspiegel etc.

Sie werden überrascht sein, wie schnell Sie die Anwendung im Alltag sonst andauernd wieder vergessen.

Meditationen zur Intensivierung

Sie haben die Möglichkeit, zur Intensivierung jeder Methode auch die dazugehörenden Meditationen zu praktizieren. Die meditativen Übungen werden Ihnen sehr helfen, das eigene bewusste Sein im Alltag ständig wahrnehmen und genießen zu können.

Die jeweilige Meditation aktiviert die entsprechenden Synapsen und Hirnstrukturen intensiv, ähnlich, als würde man ein verstimmtes Musikinstrument wieder stimmen. Genauso stimmen Sie sozusagen Ihr Gehirn wieder neu, um den gegenwärtigen Moment hellwach, gut gelaunt und präsent wahrnehmen zu können; so, wie Sie es als kleines Kind noch vermochten.

Den folgenden Zentrierungsübungen folgen immer die passenden Meditationen, die Ihre Zentrierung und Präsenz aktivieren.

Praktizieren Sie jeweils nur die Meditationen, die Ihnen zusagen. Besonders günstig dafür ist die Zeit morgens nach dem Aufwachen, dann stimmen Sie sich für den Tag ein – und die Zeit vor dem Schlafengehen, Ihr Schlaf wird dadurch tiefer und friedlicher.

Am besten sitzen Sie möglichst aufrecht bei der Meditation, denn die Konzentration ist dann viel klarer als im Liegen. Die meditative Übung sollte mindestens fünf Minuten dauern, Sie können sie nach Lust und Laune aber beliebig ausdehnen.

Richten Sie sich für diese Meditationen einen gemütlichen Platz ein, an dem Sie gut sitzen können. Vielleicht verschönern Sie diesen Platz mit Kerzen, leiser Entspannungsmusik oder einem schönen Duft. Meinen Klienten empfehle ich immer, an diesem Platz ein schönes Foto von sich selbst aufzustellen. Ein solches Foto darf ruhig Jahre oder Jahrzehnte alt sein, wichtig ist nur, dass Sie sich darauf mögen und fit und fröhlich aussehen. Dadurch wird Ihre Selbstliebe harmonisiert und gestärkt, und ein solches Foto hilft Ihnen sehr dabei, zu sich selbst zu finden. Von einem solchen Selbstbild kann eine regelrechte Magie ausgehen, denn Sie identifizieren sich außerdem wieder mit Ihrem Best- oder Originalzustand und reaktivieren diesen positiven Zustand.

Das beste Beispiel dafür war Patrick, ein rundlicher Mittfünfziger mit zwei glimpflich überstandenen Herzinfarkten. Er berichtete, er habe ein schönes Jugendfoto von sich selbst an seinen Meditationsplatz gestellt, das ihn wieder an seinen fitten und vitalen »Urzustand« erinnert habe. Statt sich krank, lädiert und gehandicapt zu fühlen, habe er wieder Lust auf die eigene Fitness bekommen. Er fühlte sich motiviert, den allabendlich zur Entspannung eingesetzten Weinkonsum erheblich zu reduzieren und durch eine Entspannungsübung an seinem Meditationsplatz zu ersetzen. Infolgedessen sank sein hoher Blutdruck und nach einem halben Jahr hatte er einiges an Gewicht abgenommen. Bald begann er vorsichtig, wieder etwas Sport zu treiben. Sein Arzt sei hochzufrieden mit ihm, lautete Patricks trockener Kommentar zum Resultat dieser Maßnahmen.

Check-up

Bevor es an die konkrete Praxis geht, gibt es noch eine vorbereitende »Aufwachübung« für Sie. Schauen Sie einmal bewusst hin, wer Sie sind, was Sie wollen und was Sie vom Leben eigentlich erwarten.

Wenn Sie mögen, nehmen Sie doch einfach *jetzt* gleich einmal Stift und Zettel zur Hand und notieren Sie in knappen Stichworten Ihre spontanen Antworten auf die folgenden Fragen:

1. Worum geht es mir in meinem Leben? Was sind meine drei wichtigsten inneren oder äußeren Lebensziele, die realisierbar sind und auf die ich am Ende zurückschauen möchte?
2. Vergeude ich täglich Lebenszeit auf nutzlose Art, die mir nicht mal Spaß bringt? Falls ja, womit?
3. Bin ich meistens entspannt und gelassen – oder eher chronisch angespannt?
4. Spüre ich mich und lebe ich intensiv, jeden Tag?
5. Genieße ich jeden Tag meines Lebens?
6. Fühle ich mich wach und präsent, den ganzen Tag?
7. Geht es mir gut, bin ich innerlich glücklich – und zwar relativ unabhängig davon, was um mich herum vor sich geht?

8. Bin ich für andere nützlich, erfreulich und eine Bereicherung?
9. Kann ich mein Leben zum großen Teil selbst bestimmen oder »werde ich gelebt«?
10. Welche inneren Eigenschaften und Qualitäten möchte ich mir stärker erschließen?

Wie immer Ihre Antworten ausfallen mögen, sie bringen Sie jetzt intensiv mit sich selbst in Kontakt und stoßen gedankliche Prozesse an, die hilfreich für Sie sind. Schauen Sie die Antworten kurz an, ohne sie zu bewerten. Vielleicht kommt Ihnen in den nächsten Tagen noch ein Impuls oder eine Eingebung dazu, etwas verändern zu wollen. Was Sie – wie jeder andere Mensch auch – sicherlich immer noch weiter verbessern können, sind Ihre Präsenz und Lebensintensität.

Die eigentliche »Praxis der Zentrierung« beginnt mit dem folgenden Kapitel. Um maximalen Nutzen aus diesem Text zu ziehen, lesen Sie ihn gerne zuerst einmal komplett durch, aber arbeiten Sie dann immer nur an einem Kapitel. Wenden Sie die ausgewählte Achtsamkeitsmethode für mindestens einen Tag an und verteilen Sie zu dem jeweiligen Thema Ihre kleinen Merkzettel in Ihrer Umgebung. Arbeiten Sie damit mindestens einen oder mehrere Tage lang, am besten über eine Woche, bevor Sie sich ein weiteres Kapitel vornehmen. Mit diesen 15 kleinen Schritten werden Sie systematisch eine große Präsenz, Klarheit und Gelassenheit etablieren.

Praxis der Zentrierung

Praktische Anwendung im Alltag

Zentrierung bedeutet, in die eigene Mitte zurückzukehren. Doch wie um alles in der Welt soll sich zum Beispiel eine gestresste Erzieherin zentrieren, während gerade mehrere Kinder schreien wie am Spieß und um sie herum das vollendete Chaos tobt?

Es gibt leider zahllose Varianten, wie uns das Alltagsleben immer wieder aus unserer Mitte hinausmanövriert, wie Hektik, Lärm, Stress, Sorgen oder Emotionen an uns herumzerren. Aber zum Glück existieren auch viele Varianten, wie wir uns zentrieren können.

Ein Beispiel aus meiner Praxis war Lisette, Mutter von drei kleinen Kindern. Sie war eine zierliche, blasse blonde Frau mit dunklen Augenringen, und als ich sie zum ersten Mal traf, wirkte sie zerbrechlich, ausgelaugt und fahrig. Stockend berichtete sie, wie sich ihr Stress auf ihre Kinder übertrug und man sich wechselseitig hochschaukelte. Das lief fast täglich darauf hinaus, dass sie schließlich ihre Kinder anschrie, was ihr im nächsten Moment schon wieder furchtbar leidtat. Sie fühle sich zermürbt und schlafe schlecht, und sie sei so erschöpft, dass sie manchmal nicht mehr die Kraft habe, ihrem anderthalbjährigen Sohn rechtzeitig die Windeln zu wechseln. Sie kommentierte ihren Zustand mit dem Satz: »Ich fühle mich mittlerweile zu erschöpft, um meine Kinder zu lieben«, und begann zu weinen.

In der ersten Sitzung übten wir einfach nur die stille Tiefenentspannung. Lisette praktizierte sie vormittags einige Minuten und jeden Abend eine halbe Stunde lang vor dem Einschlafen, was ihren Schlaf nach ihren Angaben deutlich verbesserte.

Zwei Wochen später übten wir die »Zentrierung im Atem«. Mit dieser Methode sollte sie in ihrem Alltag mit den Kindern wieder zur Ruhe kommen.

In der dritten Sitzung nach weiteren drei Wochen lernte sie die »Zentrierung im Tun«. Diese Übung hilft jenen, die einen sehr aktiven und arbeitsintensiven Tag haben, trotzdem selbst-bewusst zu sein und in der eigenen Mitte zu ruhen. Diese beiden letzteren Zentrierungsmethoden sind hervorragend geeignet, sie während jeglicher Aktivität, sogar beim Sport oder auch im dicksten Stress überall und jederzeit zu praktizieren.

Vier Wochen später kam Lisette zur letzten Sitzung und wirkte viel frischer als bei der ersten Begegnung. Sie berichtete, dass sie sich fit und ausgeglichen fühle, »so wie früher«. Sie könne mit den Kindern jetzt ruhig und geduldig umgehen und sei in der Lage, die tiefe Liebe zu ihnen den ganzen Tag lang zu spüren. Jetzt genieße sie die Tage mit ihren Kleinen voller Energie und würde mit ihnen fröhlich herumtoben, spielen und schmusen. »Die Zeit, in der sie klein sind, genieße ich jetzt jeden Tag in vollen Zügen, sie wachsen doch so schnell«, meinte sie vergnügt.

Die von ihr praktizierten Zentrierungsmethoden ermöglichten ihr, besser zu schlafen, während ihres turbulenten Tages immer wieder zu sich selbst zu finden und in sich zu ruhen, auch zwischen vollen Windeln und wildem Kindergeschrei. Diese Verbesserung zeigt, wie sehr wir die Qualität unseres

Alltags *von innen heraus* positiv beeinflussen können, und die beiden wichtigsten Faktoren sind Gelassenheit und Zentrierung.

Da dafür für jeden Menschen und jede Situation unterschiedliche Strategien passen, finden Sie im Folgenden entsprechend unterschiedliche Praxismethoden.

1 Zentrierung im Atem

Eine der wichtigsten Methoden zur Zentrierung besteht darin, den eigenen Atem achtsam zu beachten und darüber im Hier und Jetzt aufzutauchen. Ganz gleich, ob Sie dem leisen Geräusch, das Ihr Atem verursacht, lauschen, ob Sie den Atem in der Nase spüren, die Bewegung im Brustraum oder die Bewegung im Bauchraum. Sobald Sie bei Ihrem Atmen verweilen, sind Sie bei sich selbst.

Vor allem ist die Beobachtung des eigenen Atems immer und überall einsetzbar, ohne dass es jemand registriert. In jeder Alltagssituation ist es wohltuend, entspannend und zentrierend, sich des eigenen Atems gewahr zu sein. Sie brauchen dazu nur das Strömen der Atemluft zu beobachten und die Bewegung, die Ihr Atem in Ihrem Körper verursacht. Fühlen Sie dabei die Atembewegung, die das Ein- und Ausatmen verursacht – im Körperinnenraum, in der Bewegung des Brustkorbs und des Bauches. Das mag sich im Alltag in einer stressigen Situation anfangs vielleicht etwas unkomfortabel anfühlen, weil die Atmung durch Anspannung typischerweise flach, schnell und verkrampft ist. Aber es genügt bereits die eigene Aufmerksamkeit, um die Atmung sanft zu regulieren und sich zu entspannen.

Eine gute Einstiegsübung für den Alltag liegt darin, dass Sie immer während des Telefonierens gleichzeitig Ihren Atem wahrnehmen. Nichts anderes – den Atem nicht beeinflussen, einfach nur den eigenen Atem *wahrnehmen,* während Sie lauschen oder reden. Probieren Sie es aus, gewöhnen Sie es sich an, der Entspannungs- und Zentrierungseffekt wird Sie überraschen!

Falls Sie gelegentlich unter Lampenfieber leiden, wenn Sie beispielsweise vor einer Gruppe sprechen oder Prüfungsängste haben, ist die Atem-Zentrierung eine hervorragende Technik, die außerordentlich angstlösend wirkt und Ihre Gelassenheit und Selbstsicherheit verstärkt. Stehen Sie vor der Gruppe und konzentrieren Sie sich mit der Hälfte Ihrer Aufmerksamkeit auf Ihre – möglichst tiefe – Atmung.

Auch bei Einschlafproblemen sind die Beobachtung des eigenen Atems, der Atembewegung im Körper, und das Lauschen auf die eigene Atmung gut geeignet, um zur Ruhe zu kommen und in den Schlummer zu sinken.

Am besten üben Sie die folgende Atem-Meditation und deren Variationen zuerst einmal in einer Ruhesituation ein. Danach können Sie die gleiche Atembeobachtung umso besser auch in jeder Alltagssituation einsetzen. Nehmen Sie sich zum ersten Einüben fünf bis fünfzehn Minuten Zeit und, wenn Sie mögen, natürlich auch länger.

Die letzte Atemübung dieser Reihe, die sogenannte »HARA-ATMUNG«, ist eine besondere Methode. Sie besteht in einer intensiven und kraftspendenden Atemzentrierung, die den asiatischen Kampfkünsten entstammt. Die Lehren dieser Kampfkünste basieren darauf, dass das wichtigste Energie- und Aktionszentrum des Körpers das sogenannte »Hara-Zentrum« ist. Das Hara-Zentrum befindet sich drei Fingerbreit unter dem Nabel, das dürfte den Karateschülern unter Ihnen geläufig sein. Den Begriff des »Harakiri« kennen Sie bestimmt auch, hier handelt es sich ebenfalls um diesen Körperbereich als vitales Zentrum. Eine Anleitung zum Harakiri werden Sie hier zwar nicht finden, dafür aber eine zur vitalen Aufladung dieses Körperzentrums durch die »Hara-Atmung«.

Meditative Übung zur Atemzentrierung

Setzen Sie sich ruhig und entspannt hin, entspannen Sie die Schultern. Praktizieren Sie jede Version der folgenden vier Atembeobachtungen mindestens 3 Minuten lang. Atmen Sie dabei entspannt und eher tief.

Genießen Sie das Gefühl des Atmens, im Bewusstsein, pure Lebensenergie zu »trinken«.

1. *ATEMGERÄUSCH: Auf den Atem horchen. Lauschen Sie einfach auf den eigenen Atem, wenn die Umgebungsgeräusche nicht zu laut sind. Diese Übung zentriert und beruhigt. (mindestens 3 Minuten lang)*

2. *LUFTSTROM: Beobachtung des Luftstroms. Nehmen Sie den Atem in Ihrer Nase wahr. Spüren Sie das seidige Einströmen der kühlen eingeatmeten Luft in der Nase. Spüren Sie das Ausströmen der leicht erwärmten Luft aus der Nase. Die Fokussierung auf das Strömen der Atemluft in der Nase wirkt beruhigend und klärt den Geist. (mindestens 3 Minuten lang)*

3. *ATEMBEWEGUNG: Fühlen Sie die innere Atembewegung im Körperinnenraum, in der Bewegung des Brustkorbs und des Bauches. Spüren Sie, wie sich Ihr Brustkorb weitet und wieder einsinkt. Spüren Sie ebenfalls die Bauchbewegung, die der Atem verursacht. Die Bauchdecke wird mit jedem Atemzug weicher und lockerer. Mit jedem Atemzug hebt sich die Bauchdecke ein wenig und mit jedem tiefen Ausatmen sinkt sie wieder etwas ein. (mindestens 3 Minuten lang)*

4. *HARA-ATMUNG: Das Hara-Zentrum befindet sich etwa drei Zentimeter unter dem Nabel; legen Sie dort eine Fingerspitze auf und drücken Sie leicht. Das macht es einfach, sich dieses Punktes gewahr zu sein. Atmen Sie nun zu Ihrer Fingerspitze hin und stellen Sie sich vor, dass dieses Zentrum mit heller Energie zu leuchten beginnt. Mit jedem Atemzug laden Sie es weiter mit Energie auf. Spüren Sie die Bewegung des Atems im Unterbauch, der sich mit jedem Atemzug leicht hebt und senkt. (mindestens 3 Minuten lang)*

Wenn Sie diese Übungen in Ruhe gemacht haben, wenden Sie mindestens eine davon auch möglichst oft im Alltag an. Wo immer Sie im Alltag die Fokussierung auf den Atem nutzen, um sich zu zentrieren, Sie sind augenblicklich wieder bei sich selbst und entspannen sich, sobald Sie sich des eigenen Atems überhaupt nur bewusst sind.

2 Zentrierung durch Solarplexus-Entspannung

Sie können besonders gut und regelrecht »komfortabel« zentriert sein, wenn Ihr Nervensystem stark und ruhig ist. Entspannung findet dabei vor allem über den Solarplexus** statt und wird von da aus in alle Körperregionen übermittelt. Wenn Sie wissen wollen, wie sich ein tief entspannter Solarplexus anfühlt, denken Sie einmal an Ihren Zustand sonntagmorgens, wenn Sie ohne Weckerklingeln irgendwann wunderbar ausgeschlafen sind und von selbst erwachen. Die ersten Momente dienen fast der Orientierung (»Ach ja, heut ist ja Sonntag«) und man taucht schläfrig und wohlig in den Wachzustand auf. Der Körper ist noch einige Minuten tiefenentspannt, der Bauch ist weich und locker. Sie fühlen sich friedlich und warm. Dieses weiche, lockere Bauchgefühl und tiefe Wohlbefinden entstammen dem entspannten Solarplexus.

Spüren Sie hingegen nach einem stressigen Tag einmal in die obere Bauchregion hinein, werden Sie häufig feststellen, dass sich der Magenbereich anfühlt wie ein Granitfels, während Sie psychisch angespannt sind und Ihr

** Der Solarplexus ist das zentrale Nervengeflecht hinter dem Magen, das viele Körpervorgänge und Organfunktionen steuert, den Stoffwechsel beeinflusst, den nervlichen Zustand erzeugt und die psychosomatische Verbindungsstelle zwischen Körper und Seele darstellt.

Atem eher flach und kurz geht. Meistens sind wir im normalen Alltag weit von diesem herrlich entspannten »Aufwachfrieden« entfernt. Aber wenn wir ein wenig üben, den Solarplexus gezielt zu entspannen, empfinden wir auch tagsüber einen wohligen inneren Frieden.

Voraussetzung ist aber erst einmal die Bewusstwerdung der inneren Spannung, schon das beinhaltet eine Rückkehr zu sich selbst, eine Zentrierung und ein Selbstgewahrsein, wenn auch mitunter ein etwas unbehagliches. Immerhin können wir an diesem Punkt gut ansetzen, um aus dem etwas unbehaglichen Selbstgewahrsein ein behagliches und ruhiges Selbst-Bewusst-Sein zu machen. Die gezielte Entspannung des Solarplexus ist eine hervorragende Methode dazu.

Die erste Hilfe bei Anspannung und Stress bedient sich wiederum der Atmung, um den Solarplexus zu entspannen. Wann immer Sie Unruhe und Anspannung bemerken, konzentrieren Sie sich auf Ihren Bauch und atmen Sie so tief in den Bauch hinein, dass sich die Bauchdecke mit jedem Atemzug hebt und senkt.

Paula, eine temperamentvolle und agile Journalistin Anfang vierzig, hatte diese Solarplexus-Entspannung mit großer Begeisterung sowohl in der Entspannungsmeditation als auch in alltäglichen Situationen praktiziert. Sie berichtete, dass sie es durch die gezielte Solarplexus-Entspannung geschafft habe, mit dem Rauchen aufzuhören. Ihr Körpergefühl habe sich durch die Entspannung stark verändert, erzählte sie, und sie habe sich erstmals in ihrem Leben so richtig wohl in ihrer Haut gefühlt. Daraus habe sie erstmals die Motivation entwickelt, mit dem Rauchen aufzuhören, was sie sich bis dahin nicht vorstellen konnte. Die starke Raucherin, die 30 Zigaretten und mehr pro Tag konsumierte, zog aus der Solarplexus-Entspannung die Kraft, die Sucht zu überwinden. Paula fasste ihre Entwicklung mit folgenden Worten zusammen: »Immer wenn ich Lust auf eine Zigarette bekam, praktizierte ich sofort die Solarplexus-Entspannung, ganz gleich, wo ich war. Sobald ich den Solarplexus-Bereich gezielt entspannte, wurde ich sehr ruhig und gleichzeitig löste sich das Verlangen auf. Innerhalb von drei Wochen war meine Lust auf Zigaretten komplett vergangen. Ich hatte zwar nach einem halben Jahr noch mal einen kurzen Rückfall, verursacht dadurch, dass ich mich enorm geärgert und aufgeregt hatte. Aber im zweiten Anlauf gelang es prompt wieder, das Rauchen einzustellen, und dabei wird es jetzt auch bleiben. Ich werde aber auch weiterhin, gerade wenn Ärger und Stress auftauchen, sofort die Solarplexus-Entspannung einsetzen, auch wenn ich aus der Sucht längst herausgefunden habe und nur noch Ekel vor Zigarettenrauch verspüre. Inzwischen bin ich durchweg so entspannt, dass daraus eine Gelassenheit entstanden ist, die sogar an hektischen Arbeitstagen anhält. Sie ist zu meinem höchst angenehmen Normalzustand geworden.«

Meditative Übung zur Solarplexus-Entspannung

Die folgende Übung ist als Einheit zu verstehen und bildet die Solarplexus-Entspannung. Sie können sich diesen Text fotokopieren und auf Ihren Schoß legen, um ihn schrittweise zu lesen und systematisch in die Tiefenentspannung zu sinken. Für jeden Punkt sollten Sie sich vielleicht 2 Minuten gönnen.

Lesen Sie ihn zuerst einmal ganz durch, und versuchen Sie dann, Schritt für Schritt in die jeweilige Übungsphase zu gehen.

Sitzen Sie in einer bequemen Position.

1. *ATEM: Mit tiefen Atemzügen kommen Sie mit der Konzentration vollständig bei sich selbst an. LAUSCHEN Sie auf Ihren Atem. Spüren Sie die Bewegung, die der Atem in Ihrem Körper verursacht. Versuchen Sie, langsam und tief in den Bauch hineinzuatmen. Beim Ausatmen stoßen Sie die Luft ruckartig aus und stellen sich vor, wie Sie sich gleichzeitig von aller Anspannung befreien.*

2. *WOHLIGE SCHWERE – Sie entspannen Ihre Schultern und Ihren Nacken. Sie spüren das Eigengewicht Ihrer Arme. Sie lassen die Arme immer schwerer werden. Auch die Beine dürfen schwer werden. Ihr ganzer Körper sinkt wohlig schwer in die entspannte Sitzhaltung hinein. Sie lassen den Körper völlig locker.*

3. *WOHLIGE WÄRME – Während Sie das Lockerlassen genießen, lenken Sie die Aufmerksamkeit auf Ihre Hände. Wohlige Wärme strömt in Ihre Hände und durchprickelt Ihre Handinnenflächen. Sie fühlen Ihre Hände warm durchströmt bis in die Fingerspitzen.*

Ihre Aufmerksamkeit wandert in Ihre Beine. Auch die Beine sind locker und schwer. Sie stellen sich vor, wie die wohlige Wärme die Beine hinabströmt bis in die Füße hinein. Sie fühlen Ihre Fußsohlen weich und warm bis in die Zehenspitzen.

4. *SOLARPLEXUS – Sie nehmen Ihren gesamten Bauchraum wahr, vom Magen bis hinab ins Becken. Fühlen Sie im Bauchraum noch Spannung? Mit sanften Atemzügen atmen Sie die noch spürbare Anspannung aus. Atmen Sie auf. Der Bauchraum wird mit jedem Atemzug immer lockerer und weicher. Sie spüren tiefe Zufriedenheit. Wärme breitet sich in Ihrem Bauch aus, strömend warm. Der Solarplexus ist strömend warm. (Verweilen Sie, so lange Sie mögen, in dieser Solarplexus-Entspannung, vertiefen Sie das Lockerlassen und das Wärmegefühl noch weiter.)*

5. *GEISTIGE RUHE – Ihr Kopf fühlt sich leicht und klar an. Ihre Augenpartie entspannt sich, als würden Ihre Augenbrauen ein Stück auseinandergleiten. Auch die kleinen Muskeln rund um die Augen herum werden ganz weich und locker. Die Augenlider sind entspannt. Ein frisches Gefühl durchzieht Ihre Augen. Stellen Sie sich einen kühlen Windhauch vor, der über Ihre Stirnpartie streicht.*

Üben Sie diese Solarplexus-Tiefenentspannung in Ruhe zu Hause, am besten täglich. Vermutlich werden Sie diese Minuten bald als eine Wohltat erleben, die Sie nicht mehr entbehren möchten. Mit ein wenig Übung können Sie die Solarplexus-Entspannung daraufhin auch in stressigen Alltagssituationen effektiv praktizieren, und zwar in einer unauffälligen Kurzversion:

- Konzentrieren Sie sich auf die *Atementspannung (1.)*.
- Entspannen Sie bewusst Ihren *Solarplexus (4.)*.
- Konzentrieren Sie sich kurz auf Ihre »*Stirnkühle*« *(5.)*.

3 Achtsamkeitsmeditation

Die folgende Meditation war damals meine persönliche großartige Hilfe, um aus der Achterbahnfahrt der Emotionalität und den tiefen Selbstwertproblemen herauszufinden. Diese Achtsamkeitsmeditation umfasst vier Ebenen und zentriert Sie sehr intensiv.

Indem Sie diese Übung zuerst als stille Meditation zu Hause üben, entwickeln Sie ein Gewahrsein Ihrer selbst und starkes Präsenzgefühl, das große Klarheit mit sich bringt. Machen Sie diese Meditation am besten jeden Tag circa zehn Minuten lang. Wenn Sie nicht so viel Zeit dafür finden, verkürzen Sie diese Achtsamkeitspraxis einfach. Selbst fünf Minuten dieser Praxis sind viel wert, und manchmal haben Sie vielleicht auch eine halbe Stunde lang Lust und Zeit dafür. Falls Sie eine dieser vier Meditationsformen besonders mögen, praktizieren Sie einfach nur diese.

Nach kurzer Zeit werden sich diese geübte Achtsamkeit und Selbstbewusstheit automatisch in den Alltag integrieren. Ihre Selbstwahrnehmung wird intensiviert, Sie erleben eine zunehmende Gelassenheit und ein ruhiges, klares Selbstbewusstsein.

- *Achtsamkeitsmeditation 1 – Körper und Atem:*
  Sie beginnen damit, Ihre Aufmerksamkeit auf Ihren Körper zu richten und spüren den Körper vom Kopf bis zu den Füßen. Sind Sie entspannt? Lassen Sie alle Anspannung im Schulter- und Bauchbereich locker. Nehmen Sie Ihren Körper von Kopf bis Fuß wahr. Spüren Sie dann den Atem. Mit einigen tiefen Entspannungsseufzern entspannen Sie Ihren Bauchraum. Verweilen Sie dann mit Ihrer Aufmerksamkeit mehrere Minuten lang einfach beim Atem. Beobachten Sie passiv das Ein- und Ausströmen des Atems.

- *Achtsamkeitsmeditation 2 – Stimmung und Gemütszustand:*
  Registrieren Sie Ihre momentane Stimmung. Fühlen Sie sich angespannt? Sind Sie von Emotionen erfüllt? Zerrt irgendein Gefühl an Ihrer Psyche herum? Sind Sie heiter und gelöst? Schauen Sie einfach nur hin, in welchem Zustand Ihr Gemüt und Ihre Stimmung sind, ohne etwas verändern zu wollen. Verweilen Sie in dieser Selbstbetrachtung.

- *Achtsamkeitsmeditation 3 – Gedanken und Geist:*
  Betrachten Sie Ihren Geist. Welche Gedanken herrschen gerade vor? Gibt es Wünsche, Sorgen oder Pläne, die Ihren Geist erfüllen? Welche Gedanken können Sie wahrnehmen? Beobachten Sie Ihre Gedanken. Verweilen Sie einige Minuten in der Beobachtung Ihrer geistigen Aktivität.

- *Achtsamkeitsmeditation 4 – Der innere Beobachter:*
  Lenken Sie Ihre Aufmerksamkeit auf die Quelle Ihrer Persönlichkeit. Welche Instanz in Ihnen beobachtet jetzt gerade? Wer ist der innere Beobachter? Wer ist der innere Zeuge Ihrer Wahrnehmungen? Ist dort eine Person wahrnehmbar, oder ist dort scheinbar niemand? Versuchen Sie kurz, aber konzentriert, sich Ihres Gewahrseins – Ihres Wachseins – Ihres Bewusstseins – Ihres inneren Beobachters – gewahr zu sein.

4 Zentrierung durch Körperbewusstsein

Die folgende Methode hat vielen Menschen geholfen, in sich zu ruhen, gelassen und gesammelt zu sein und ein angenehmes Körpergefühl zu genießen.

Bei Marco, einem jungen Athleten italienischer Abstammung, brachte diese Methode den überraschenden Nebeneffekt mit sich, eine langjährige Phobie aufzulösen. Seit seiner Kindheit hatten ihn bis dahin selbst kleine Hunde in Angst und Schrecken versetzt. Durch diese panische Angst vor Hunden war er dermaßen gehandicapt, dass er seine Joggingrunden statt im Wald nur noch auf dem Sportplatz lief. Im Alltag trug er ständig Pfefferspray bei sich, um sich gegen Hunde wehren zu können, dennoch löste der Anblick eines Hundes auf der Straße jedes Mal Schweißausbrüche und Panikattacken aus. Er setzte schließlich diese Methode der Körperzentrierung erfolgreich ein, um ruhiger und gesammelter zu werden. Dazu übte er zunächst in der Meditation, sich seines Körperinnenraums gewahr zu sein. Er berichtete, dass er es besonders wohltuend und zentrierend fand, vor allem seinen Rücken bewusst zu spüren.

Dieses verstärkte Körpergewahrsein setzte er daraufhin auch in der Außenwelt zu seiner Zentrierung ein, sobald er einen Hund sah. Er erzählte von der vollständigen Befreiung von seinen Ängsten einfach nur durch die Konzentration auf seinen Körperinnenraum und auf seinen Rücken. Ein weiterer, mindestens ebenso wichtiger Aspekt war für ihn sein innerhalb weniger Monate deutlich angewachsenes Selbstwertgefühl.

Auch ein Klient mit Höhenangst vermochte sich genau mit dieser Art der Zentrierung erfolgreich zu helfen, auch er berichtete, dass ihm ganz konkret die Konzentration auf seinen Rücken half, wenn er sich mit Höhe konfrontiert sah. Er war darüber in der Lage, mit dem gläsernen Aufzug in die sechste Etage seines Bürogebäudes zu fahren, statt das Treppenhaus zu benutzen.

Aber nicht nur bei Phobien wirkt diese Zentrierungsmethode sehr wohltuend, sie bringt einen Menschen insgesamt sehr einfach zu sich selbst zurück. Man erdet sich sozusagen und kann sich in der eigenen Mitte verankern.

Das hilft auch sehr gut, falls Sie sich beispielsweise oft durch Ihre Mitmenschen abgelenkt oder von ihnen absorbiert fühlen. Sie können die folgenden Methoden sogar während der Begegnungen einsetzen, um für sich selbst eine gute Portion Zentrierung zu bewahren, denn es hilft dann enorm, sich des eigenen Körpers bewusst zu bleiben. Unter anderem können Sie beispielsweise die Konzentration auf den Innenraum Ihres Körpers richten oder auch den Rücken und die Fußsohlen spüren. Was immer für Sie am besten und einfachsten funktioniert, finden Sie bei der Körperzentrierung durch Ausprobieren heraus.

Falls Sie sich bei den diversen Methoden zur Selbstzentrierung jetzt die Frage stellen, ob man durch diese Übungen allzu selbstbezogen wird, sich von anderen abkapselt oder womöglich autistische Züge entwickelt, bedenken

Sie bitte, dass viele von uns das Problem haben, dass ihr Selbstgewahrsein im Kontakt mit anderen *viel zu stark* verloren geht. Im Kontakt mit anderen sollte die Aufmerksamkeit selbstverständlich auch beim anderen sein. Aber das ist am intensivsten möglich, wenn Sie entspannt in sich selbst verankert sind und mit liebevoller Aufmerksamkeit agieren, die nur dem eigenen Selbst entspringen kann.

Ansonsten ist gerade die bewusste liebevolle Aufmerksamkeit eine hervorragende weitere Möglichkeit, sich selbst zu zentrieren, weil Sie darüber in einem authentischen Kontakt mit Ihrem eigenen innersten Wesen sind. Befragen Sie dazu doch einmal eine junge Mutter, wie sie den Schlafmangel und den Stress mit einem Baby überhaupt aushält. Meistens wirkt hier einfach die Magie der positiven und liebevollen Emotionen!

Im nächsten Abschnitt finden Sie die Einübung der Zentrierung durch Körperbewusstsein. Die in der folgenden Meditation aufgeführten Möglichkeiten eignen sich bis auf die Gehmeditation auch für die Anwendung bei persönlichen Kontakten, zum Beispiel im Rahmen von Kommunikation und Begegnung.

Meditative Übung zur Zentrierung durch Körperbewusstsein

Lassen Sie sich in einer bequemen Sitzposition nieder und üben Sie die folgenden Wahrnehmungsmöglichkeiten mit geschlossenen Augen oder mit gesenktem Blick.

- *KÖRPERINNENRAUM:*
  Sitzen Sie bequem und entspannen Sie sich. Lassen Sie Ihre Aufmerksamkeit durch den Körper wandern:
  Fühlen Sie zuerst Ihr Gesicht.
  Fühlen Sie Ihre Arme, Ihre Hände, die Finger, die Fingerspitzen.
  Fühlen Sie Ihre Beine, die Knie, die Füße, die Zehen.
  Fühlen Sie Ihren Bauchinnenraum.
  Fühlen Sie intensiv Ihren Rücken und Ihre Wirbelsäule.
  Seien Sie sich nun des gesamten Innenraums Ihres Körpers bewusst, als eines warmen, lebendigen Raums. Fühlen Sie den gesamten Raum, den Sie mit Ihrem Bewusstsein ausfüllen.

- *ZENTRIERUNG AM RÜCKEN:*
  Sammeln Sie Ihre Aufmerksamkeit in der Wahrnehmung Ihres Rückens. Lehnen Sie sich innerlich zurück – in Ihren Rücken hinein. Nehmen Sie Ihre Wirbelsäule wahr. Spüren Sie, wie kraftvoll Ihr Rücken ist. Spüren Sie Rück-Halt in Ihrem Rücken.

- *ERDVERBUNDENHEIT:*
  Sitzen Sie entspannt. Nehmen Sie Ihre Körperposition und das eigene Gewicht wahr. Registrieren Sie die Erdanziehungskraft, die Sie auf dem Boden hält.

- *AUGEN:*
  Sitzen Sie entspannt und halten Sie den Blick etwas gesenkt. Spüren Sie Ihre Augen. Lassen Sie den Blick wandern und seien Sie sich dieser Augenbewegung bewusst. Stellen Sie sich vor, wie Ihre Augen dabei aussehen, visualisieren Sie Form und Farbe Ihrer Augen.

- *HÄNDE:*
  Seien Sie ganz präsent und bei sich selbst, während Sie Ihre Handinnenflächen betrachten und leicht massieren. Verweilen Sie mit Ihrer Aufmerksamkeit in Ihren Händen, Ihren Fingerspitzen und in Ihren Handbewegungen. Damen mit frisch lackierten Fingernägeln wissen sicherlich sehr genau, was »Fingerspitzengefühl« bedeutet.

Im Buddhismus wird die »Gehmeditation« gerne zur Entfaltung der Achtsamkeit und Bewusstheit praktiziert, denn sie wirkt sehr beruhigend und klärend auf den Geist. Bei der Gehmeditation gehen Sie langsam auf und ab oder in einem Kreis, mit kleinen Schritten. Im Alltagsstress können Sie sich über ein intensives Fußbewusstsein gut erden und sich aus Hektik und Ablenkung zurückholen.

- *GEHMEDITATION:*
  Die Gehmeditation wird im Buddhismus zur Entfaltung der Achtsamkeit und Bewusstheit praktiziert. Dazu achten Sie auf das Gefühl in den Fußsohlen beim Gehen. Rollen Sie die Füße langsam und bewusst ab. Machen Sie kleine Schritte im Schneckentempo, dazu genügt auch

der kleinste Raum. Sie können zum Beispiel acht Schritte vorwärts und acht Schritte rückwärts machen oder auch in einem kleinen Kreis gehen. Die Hände sind vor oder hinter dem Körper locker verschränkt. Die Aufmerksamkeit verbleibt vollständig in den Fußsohlen, insbesondere in der Bodenberührung.

Am besten nehmen Sie sich nur *eine* dieser Körperzentrierungen pro Tag vor, die Sie dann mindestens einen Tag lang praktizieren. Ansonsten riskieren Sie, jede Übung zu kurz zu machen und sich keine dieser Zentrierungsübungen gründlich anzueignen, dann verliert sich die Zentrierung leider bereits im Ansatz ganz leicht im Alltagstrubel.

Wählen Sie sich daher eine Zentrierung aus und nutzen Sie für Ihre aktuelle Übung kleine Memory-Zettel. Es braucht nur ein kleines Symbol darauf, ein Auge, Füße oder ein Symbol für die Erdanziehungskraft etc.

5 Zentrierung durch sinnliche Wahrnehmung

Zentrierung durch sinnliche Wahrnehmung basiert darauf, den Sinneswahrnehmungen hundertprozentige Aufmerksamkeit zu schenken. Normalerweise sind wir chronisch abgelenkt, und während wir die eine Aktion halbautomatisch ausführen, sind wir in Gedanken schon bei der nächsten und übernächsten. Wenn Sie also Ihre Sinnlichkeit schulen und sich darin zentrieren möchten, üben Sie, das, was Sie gerade tun oder genießen, vollkommen bewusst zu tun oder zu genießen. Vor allem nehmen Sie dabei mit allen Sinnen wahr. Durch diese Aufmerksamkeit sind Sie sofort völlig gegenwärtig und bei sich selbst.

Das, was Sie gerade tun oder genießen, sollte für Sie bei dieser Übung so faszinierend intensiv sein wie ein spannender Film. Wenn Sie mit voller Aufmerksamkeit und intensiver Sinneswahrnehmung dabei sind, kann eine beliebige profane Tätigkeit ähnlich intensiv und lebendig sein wie Extremclimbing oder Wildwasserkanufahren. Hier folgen einfache Übungen zur intensiven sinnlichen Wahrnehmung.

Meditative Übung zur Zentrierung durch sinnliche Wahrnehmung

- *Nehmen Sie ein Glas klares, kaltes Wasser. Betrachten Sie es kurz, nehmen Sie dann einen Schluck.*
  Spüren Sie, wie das kühle Wasser Ihre Kehle hinabrinnt. Spüren Sie den Geschmack des Wassers auf der Zunge. Schmecken Sie den Geschmack. Fühlen Sie, wie Sie schlucken. Spüren Sie, wie die Flüssigkeit durch die Kehle rinnt. Wie die Flüssigkeit in den Magen hinabfließt.
  Nehmen Sie weitere kleine Schlucke und bleiben Sie mit Ihrer Aufmerksamkeit vollständig beim Gefühl des Trinkens und des in Ihnen hinabrinnenden kühlen Wassers. Einfaches Wasser kann so genussvoll sein wie guter Wein, wenn Sie es bewusst trinken und genießen, wie der Durst damit gelöscht wird.

- *Kämmen Sie Ihre Haare – nicht vor dem Spiegel! – und spüren Sie ganz bewusst in dieses Gefühl hinein. Spüren Sie, wie die Haare vom Kamm oder der Bürste bewegt werden. Spüren Sie, wie der Kamm oder die Bürste über die Kopfhaut streicht.*

- *Essen Sie eine Speise total konzentriert und nehmen Sie deren Geschmack wahr. Spüren Sie Ihre Kaubewegungen, die Veränderung der Nahrung in Ihrem Mund und das Hinunterschlucken.*

- *Achten Sie einmal genauso konzentriert auf Ihr Essen. Lauschen Sie auf die Geräusche beim Hantieren mit dem Besteck. Fühlen Sie Ihre*

Lippen, Ihren Mund. Schmecken Sie bewusst. Kauen Sie bewusst. Spüren Sie die Bewegungen Ihrer Zunge. Nehmen Sie den Geschmack intensiv wahr. Schlucken Sie bewusst.

- *Wenn Sie Treppen hinaufgehen, spüren Sie die Bewegung Ihrer Beine, die Anstrengung. Fühlen Sie das Gewicht, das sich von einem Fuß auf den anderen verlagert. Fühlen Sie, wie Ihre Beinmuskeln arbeiten. Registrieren Sie, ob Sie außer Atem sind, und spüren Sie Ihr Außer-Atem-Sein. Genießen Sie Ihre eigene Präsenz bei etwas so Banalem wie dem Treppensteigen. Fühlen Sie die Bewegung Ihrer Hüften beim Gehen. Spüren Sie Ihren Rücken.*

- *Auch das vollkommene Gewahrsein bei körperlicher Arbeit bringt Sie vollständig ins Jetzt. Sie konzentrieren sich dabei vollständig auf die Tätigkeit. Beim Beispiel Gartenarbeit sind Sie dabei mit allen Sinnen auf Ihr Tun konzentriert. Sie riechen den Geruch der Erde. Der Baumrinde, der Äste. Fühlen die weiche, kühle, dunkle Erde, riechen die Pflanzen, ohne über irgendwelche anderen Dinge nachzudenken. Sie spüren die Anstrengung des Körpers beim Graben, die Körperwärme. Sie hören Ihren Atem, betrachten den Erdboden. Sie beobachten, wie sich Ihre Gießkanne mit Wasser füllt, und lauschen konzentriert auf die Geräusche dabei. Vielleicht ist neben dem Glucksen des Wassers auch Vogelgezwitscher zu hören oder das Summen von Bienen oder das Rauschen des Winds in den Bäumen. Sprudelt und funkelt Ihr*

Gießwasser in der Sonne? Vielleicht perlen beim Gießen der Pflanzen schimmernde Wassertropfen von den Blättern der Pflanzen ab.

- Finden Sie weitere Formen des sinnlichen Erlebens; halten Sie bewusst inne, und genießen Sie mit Ihrem ganzen Körper und mit all Ihren Sinnen einmal sehr bewusst das, was Sie sonst eher unbewusst tun.

6 Zentrierung durch bewusstes Hören

Ein von uns wenig beachteter Sinn ist das Gehör, doch genau im Hören liegt eine der simpelsten und effektivsten Methoden der Zentrierung. Wir können uns total einfach jederzeit und augenblicklich zentrieren, indem wir einfach nur bewusst lauschen.

Das Horchen bringt uns unmittelbar in den gegenwärtigen Moment. Fahren Sie jetzt einmal mit dem Finger über diese Seite und lauschen diesem leisen Geräusch. Hören Sie das Umblättern der Seite. Hören Sie Ihren Atem. Die Außengeräusche. Sie werden bemerken, dass das Lauschen auf die von Ihnen selbst verursachten Geräusche Sie intensiver zentriert als das Lauschen auf die Außengeräusche.

Wenn Sie grundsätzlich auf die Geräusche lauschen, die Ihr Tun und Ihr Körper verursachen, zieht Sie das aufmerksame Lauschen sofort aus Gedankenverlorenheit und Gedankenabwesenheit zurück ins Jetzt. Die vorhandenen Geräusche sind meist unscheinbar, sehr gewohnt und oft auch recht leise, sodass Sie sie normalerweise nicht registrieren.

Wann haben Sie zuletzt bewusst das leise Plätschern gehört, das beim Eingießen Ihrer Kaffeetasse entsteht? Oder das Geräusch beim Putzen der Zähne? Das leise Klackern Ihrer PC-Tastatur?

Ihr Tun verursacht momentan vielleicht das gelegentliche, leise knisternde Umblättern einer Papierseite oder Ihr Finger gleitet mit einem leisen Geräusch über Ihr E-Book. Sie können jetzt zudem auch das leise Geräusch Ihres Atems hören.

In anderen Situationen können Sie hören, wie der Stoff Ihrer Hose ein leises Rascheln verursacht, wenn Sie Ihre Beine bewegen. Oder Sie hören Ihre eigenen Schritte. Das Geräusch, das entsteht, wenn Sie Ihre Tasse abstellen. Das Zünden des Motors, wenn Sie den Schlüssel im Zündschloss drehen. Ihr Räuspern, bevor Sie zum Handy greifen. Und immer wieder: Ihr Atmen.

Meditative Übung zur Zentrierung durch bewusstes Hören

- *Sitzen Sie entspannt, und lauschen Sie einmal sehr aufmerksam auf alle Geräusche, die zu hören sind.*
- *Lauschen Sie auch auf das leise Geräusch Ihres eigenen Atems.*
- *Lauschen Sie bei einer Wanderung durch die Natur sehr aufmerksam auf alle wahrnehmbaren Geräusche.*

Vielleicht mögen Sie für diese Übung einfach nur ein Ohr auf kleine Merkzettel zeichnen.

7 Zentrierung durch Geräusche, Klang oder Musik

Schrille und störende Geräusche können uns bekanntlich extrem nerven. Töne vermögen uns grundsätzlich auf die unterschiedlichste Art positiv oder negativ zu stimulieren.

Klang kann aber auch ganz aktiv die Macht besitzen, uns tief zu entspannen und zu harmonisieren, was zum Beispiel bei der Klangschalentherapie genutzt wird. Bestimmten Klängen und Frequenzen wird sogar Heilungswirkung zugeschrieben oder die Stimulation bestimmter Geistesaktivitäten oder gar der Schlafförderung. Das erscheint umso plausibler, wenn man bedenkt, dass alle Körperzellen mit Flüssigkeit gefüllt sind, die eine starke Klangresonanz besitzt, sodass sie in der gehörten und auch in der selbst produzierten Klangfrequenz in den Klangwellen mitschwingt. Der Klang Ihrer eigenen Stimme lässt daher beim Sprechen und erst recht beim Singen immer auch die Gehirnzellen in der Klangschwingung mit vibrieren und die etwas tieferen Töne schwingen auch im Brust- und Bauchraum.

In der Tierwelt finden wir ein interessantes Beispiel dafür, dass das Erzeugen von Klang nicht nur etwas ausdrückt, sondern auch als Stimulus eingesetzt wird. Bei Katzen wurde beobachtet, dass sie nicht nur dann behaglich schnurren, wenn sie sich wohlfühlen, sondern dass sie das Schnurren manchmal sogar gegen eigene Ängstlichkeit einsetzen, ganz offensichtlich, um sich selbst zu beruhigen, oder auch, wenn sie krank sind oder Schmerzen haben. Das Schnurren scheint durch die tiefe Klangvibration, die alle Zellen durchdringt, sehr entspannend und heilungsfördernd zu wirken, was manche Katzen instinktiv praktizieren.

> Hier ein Beispiel von der Macht des musikalischen Klangs, das unter die Haut geht: Chopin habe sie gerettet, sagte die Pianistin und Holocaust-Überlebende Alice Herz-Sommer, wenn sie darüber sprach, wie sie das Konzentrationslager Theresienstadt überlebt hatte. Sie wurde 103 Jahre alt. Dem Tod im Lager entging sie nur, weil sie konzertreif Klavier spielte und ihr Name nur deswegen immer wieder von den Todeslisten gestrichen wurde. Die Menschen im Lager versammelten sich täglich, um in den Genuss ihrer Klavierkonzerte zu kommen, und die Gefangenen lebten ganz und gar von der Musik, denn – zu essen, sagte Alice Herz-Sommer, gab es ja nichts. Ihr und ihren Mithäftlingen schenkten die Konzerte jeden Tag Hoffnung, Lebensfreude und Inspiration. Die Musik gab ihr und den anderen Häftlingen ihre Würde zurück und erinnerte sie an das Gute und Schöne im Menschen. Auch mit 103 Jahren spielte sie täglich noch mindestens drei Stunden am Klavier. *(Reinhard Piechocki: Alice Herz-Sommer. Ein Garten Eden inmitten der Hölle)*

Ein eher alltägliches Beispiel, das Sie bestimmt auch von manchen Zeitgenossen kennen, beschreibt jene, die gern vor sich hin singen, auch ganz für sich allein. Es gibt sogar Leute, die permanent vor sich hin summen, wo immer man sie antrifft, und das sind meist optimistische Frohnaturen. Niemand kann sagen, ob sie singen, *weil* sie fröhlich sind, oder ob sie fröhlich sind, *weil* sie singen.

Begabte Sänger und Musiker vermögen uns mit ihrer Stimme und ihrer Musik jedenfalls immer wieder in besondere Bewusstseinszustände zu versetzen, und ein eindrucksvolleres Beispiel als die Musik der Pianistin Herz-Sommer können wir zum Potenzial von Musik kaum finden. Auch das in meditativen Kreisen manchmal praktizierte Singen von Mantras (spirituelle Klangsilben aus dem Sanskrit) bringt eine Zentrierung im Jetzt mit sich, entspannt den ganzen Körper, tut der Seele gut und wirkt positiv auf die Stimmung.

Klang – vor allem Ihr eigener Stimmklang – bringt Ihre Körperzellen in eine harmonische Klangvibration, und das wirkt zutiefst heilend und harmonisierend. Durch die Schwingung des Klangs findet der Geist zur Ruhe und die Gedanken lösen sich auf. Die Wahrnehmung von Klang geschieht im Jetzt, und so bringt uns die Wahrnehmung des Klangs sofort in den gegenwärtigen Moment.

Probieren Sie das Singen und Summen einmal für sich selbst aus. Falls Sie sich mit Musik und Gesang intensiv beschäftigen, in einem Chor singen oder ein Instrument spielen, ist Ihnen das alles längst geläufig, Sie können es dann aber vielleicht sogar noch bewusster für Ihren Körper und Ihr Selbstgewahrsein einsetzen.

Und ganz gleich, ob Sie sich für sonderlich musikalisch halten oder nicht – probieren Sie es einmal aus: Singen, summen oder brummen sie bei allen möglichen Gelegenheiten (zumindest, wenn Sie alleine sind), singen Sie bei Radio- oder CD-Songs mit. Genießen Sie, wie Ihr eigener Stimmklang all Ihre Körperzellen mitschwingen lässt, und beobachten Sie, wie entspannend sich das gerade bei Stress auf Ihr Körpergefühl auswirkt. Indem Sie bewusst singen oder summen, sind Sie bei sich selbst.

Eine ebenso simple wie wohltuende Klangübung, die auch für gänzlich Unmusikalische taugt, besteht darin, beim langsamen Ausatmen so lange zu summen, bis Sie vollständig ausgeatmet haben. Das Ausatmen wird zum Summton. Dann erneut einatmen – und beim Ausatmen wieder summen. Probieren Sie aus, wie sich das Summen hoher, mittlerer oder tiefer Töne in Ihrem Körper und in Ihrem Kopf anfühlt. Singen oder summen Sie, wenn Sie mögen, ruhig eine halbe Stunde lang, wenn Sie dabei gerade Ihren »richtigen« oder besonders wohltuenden Ton gefunden haben. Summen Sie dabei ohne Druck und Anstrengung, lassen Sie den Ton mühelos fließen und spüren Sie seine Resonanz in Ihrem Körper und Ihrem Geist. Dieses sanfte Summen können Sie sowohl praktizieren, während Sie etwas tun, aber noch besser, wenn Sie entspannt sitzen oder liegen. Falls Sie sich dazu Merkzettel machen möchten, um zwischendurch öfter einmal zu singen oder zu summen, versehen Sie diese vielleicht einfach mit ein paar Noten. Dazu folgen zwei Übungen:

Meditative Übung zur Zentrierung durch die Macht des Tons

- *Singen oder summen Sie, entweder zu Musik, die Sie abspielen, oder summen Sie einfach eine Melodie vor sich hin. Spüren Sie die Vibrati-*

on Ihres Stimmklangs in Ihrem Körper, vergleichen Sie die Klangempfindung von höheren und tieferen Tönen.

- *Atmen Sie tief und langsam ein, und lassen Sie mit dem Ausatmen ein lautes Summen erklingen. Das Ausatmen wird zum Summton. Spüren Sie die Vibration Ihres Summens in Ihrem Körper. Drücken Sie sich dabei einmal die Ohren fest zu und machen Sie mit der Übung weiter. Spüren Sie mit zugehaltenen Ohren die Klangvibration Ihrer eigenen Stimme in Ihren Zellen, bis tief in den Bauch hinein und bis hoch in den Kopf hinauf.*

8 Zentrierung im Tun

Oft tut man sich schwer damit, mit unliebsamen Arbeiten umzugehen und dabei zentriert und präsent zu bleiben. Am besten sollte man aber ungeachtet der Tätigkeit immer ein angenehmes Selbstgewahrsein in seinem Tun kultivieren, ganz gleich, ob es sich um Tätigkeiten wie Rasenmähen, Aufräumen oder um die Steuererklärung handelt. Ein unbehagliches Genervtsein entsteht erst, wenn man meint, nicht da zu sein, wo man gerade gerne am liebsten wäre, und nicht das zu tun, was man gerade am liebsten tun würde. Es besteht ein manchmal subtiler oder manchmal auch starker Widerstand, eine innere Abwehr und Ablehnung des momentanen Tuns, vor dem man sich dann in irgendwelche anderen Gedanken flüchtet. Innerlich entsteht dadurch Anspannung, begleitet von dieser unterschwelligen Abwehrhaltung:

»Wenn ich das hier *endlich* erledigt habe, kann ich mich *endlich* um Wichtiges (Schönes, Angenehmeres) kümmern«, oder: »... kann ich *endlich* mal in Ruhe die Zeitung lesen«, »... werde ich *endlich* mal einen Kaffee trinken«, »... *endlich* meinen Sport machen« und so weiter. Man übersteht widerwillig das augenblickliche Tun und lässt die Gedanken in das »dann kann ich *endlich* ...« vorauseilen. Falls Sie einmal genau hinschauen, werden Sie bemerken, dass diese Abwehrhaltung mit Spannung im Bauchbereich einhergeht, oft auch mit einem Gefühl des Angetriebenseins und eines hastigen

»Endlich-damit-fertig-sein-Wollens«. Ich habe mich selbst schon oft dabei entlarvt, solche Angelegenheiten möglichst hastig oder ungeduldig zu absolvieren, um schnell damit fertig zu sein. Jedes Mal war ich währenddessen angespannt und nicht bei mir selbst, oft misslang mir aufgrund dieser widerwilligen Hektik eine Aktion, indem beispielsweise etwas zu Boden fiel und eine Verzögerung verursachte, die mich erst recht verspannte. Aber durch eine solche innere Spannung verplempern wir wertvolle Lebenszeit, in der wir ebenso gut bestens gelaunt, ruhig, wach und präsent sein könnten.

Wenn wir überall sind, nur nicht im Jetzt und im Selbst, verkrampfen wir uns auch körperlich im Solarplexus durch diese Widerwilligkeit, wir erzeugen für uns einen insgesamt wenig erfreulichen Zustand.

Diesem widerwilligen innerlichen Davonhasten können wir einfach die Zügel anziehen, indem wir in Gedanken ein radikales »Stopp!« aussprechen. Wir rufen uns damit regelrecht in den augenblicklichen Moment, statt gedanklich mal wieder auf und davon zu eilen.

Gehen Sie nach diesem »Stopp!« mit aller Intensität in die momentane Handlung hinein. Nehmen Sie das hastige innere Davoneilen aus der Situation heraus, erlauben Sie der Handlung, so lange zu dauern, wie sie eben dauert, ohne dass Sie sich sonderlich beeilen. Gehen Sie ganz in der Handlung auf, mit Ihrem ungeteilten Geist und ganzen Körpergefühl, ganz gleich, ob es sich um Tanken handelt, um Wäscheaufräumen oder um eine Nebenkostenabrechnung. Tun Sie das, was Sie tun, intensiv, präsent und ohne Hast.

Jede Tätigkeit wird schon allein deswegen angenehm, dass SIE in einem angenehmen und klaren Bewusstseinszustand sind. Andersherum kann *jede*

Tätigkeit unangenehm, lustlos oder stressig sein, wenn Sie mit Ihrem Geist nicht – oder nicht positiv – dabei sind.

Kultivieren Sie dabei im Alltag die Idee: »*Ich finde mich in meinem Tun.*« Wiederholen Sie in Gedanken diesen Satz einige Male, um sich darauf einzustimmen, und nehmen Sie Ihren Körper, Ihre Bewegungen, Ihr inneres Gefühl und Ihre Handlungen wahr.

Vermeiden Sie grundsätzlich jedes INNERE DAVONEILEN und widmen Sie sich Ihrem Tun im Hier und Jetzt. Das beinhaltet allerdings oft, dass wir Termine reduzieren und versuchen, den Alltag etwas zu »entschleunigen«.

»Sei niemals in Eile!«, hat ein großer indischer Weiser geraten, dem anscheinend auch bestens bekannt war, dass Hektik und Stress uns augenblicklich die Zentrierung und außerdem ein gutes Lebensgefühl rauben.

Meditative Übung zur Zentrierung im Tun

Suchen Sie sich zwei Tätigkeiten aus: eine Tätigkeit, die Sie *gern* tun, und eine Tätigkeit, die sie *ungern* tun. Es sollte sich beide Male um unkomplizierte körperbetonte Tätigkeiten handeln wie etwa Autowaschen, Bürgersteigfegen, Toiletteputzen, Kaffeemachen, Blumengießen, Ein-einfaches-Gericht-Kochen etc.

Wenn Ihnen die Zentrierung während der Tätigkeit, die Sie gern tun, gut gelingt und Sie dabei in Ihrer Mitte ruhen, dürfen Sie zur zweiten Übung übergehen – zu einer Tätigkeit, die Sie ungern tun.

1. *Praktizieren Sie eine Tätigkeit, die Sie gern tun, ruhig, ohne Eile, mit voller Aufmerksamkeit und mit Achtsamkeit. Seien Sie sich Ihrer selbst dabei vollkommen gewahr. Registrieren Sie dabei jeden Handgriff, Ihre Körperbewegungen, Ihren Atem, Ihre Präsenz. Horchen Sie auf die Geräusche, die Ihr Tun verursacht. Wiederholen Sie in Gedanken ab und zu den Satz: »Ich finde mich im Tun.«*

2. *Führen Sie eine Tätigkeit, die Sie sehr ungern tun, besonders meditativ, ruhig und ohne jede Eile aus. Nehmen Sie zuerst die Wertigkeit heraus (zum Beispiel »Wie ich das hasse, die Toilette zu putzen!«, oder: »Wie mich das anödet, diesen Stapel Deutschklausuren zu korrigieren!«) und handeln Sie einfach. Seien Sie mit voller Aufmerksamkeit und Achtsamkeit dabei. Seien Sie sich Ihrer selbst dabei intensiv gewahr. Registrieren Sie jeden Handgriff, Ihre Körperbewegungen, Ihren Atem, Ihre Präsenz. Horchen Sie auf die Geräusche, die Ihr Tun verursacht. Wiederholen Sie in Gedanken hin und wieder den Satz: »Ich finde mich im Tun.«*

9 Emotionen – Sabotage oder Chance der Zentrierung?

Emotionen sind ein spannendes Kapitel, weil sich über die Emotionen zwar kaum merklich, aber sehr sicher die Weichen über Glücklichsein und Unglücklichsein stellen.

Die Klärung der eigenen Emotionalität ist als Basis für Gewahrsein und Präsenz wichtig, was nicht bedeutet, ohne Gefühle zu leben. Es bedeutet allerdings auch nicht, von einer Emotion in die nächste zu taumeln. Das einzige *Gefühl*, das wirklich wichtig ist für das eigene Wohlbefinden, für echtes Selbst-Bewusst-Sein, sind Liebe und echte Herzlichkeit.

Negative Emotionen bringen uns bekanntlich ziemlich »aus dem Häuschen«, also aus unserer Mitte und Zentrierung hinaus, was bei manchen Menschen zum Dauerzustand eskaliert. Wie Sie leicht beobachten können, werden *alle negativen Gedanken* unmittelbar zu negativen Gefühlen. Unser Gehirn begleitet negative Gefühle sofort mit Stresshormonen und reduziert gleichzeitig sowohl das wohltuende Serotonin als auch das »feuereifrige« Dopamin und erst recht die beglückenden Endorphine. Dauert diese Verminderung der sogenannten Glücks-, Heiterkeits- und Motivationshormone länger an, entsteht chronisch schlechte Laune bis hin zur Depression. Aus einer solchen Abwärtsspirale wieder aufzutauchen erfordert extrem viel Willenskraft, um wieder positive Gedanken und Emotionen zu erzeugen.

Es ist nicht neu, dass es sich glücklicher und unkomplizierter lebt, wenn man sich eine gewisse Gelassenheit und Gleichmut angewöhnt. Wenn wir im Alltag entspannt, zufrieden und souverän handeln, sind wir ohnehin erfolgreicher.

Auch ist es viel einfacher, präsent zu sein, wenn man emotional entspannt und gelassen ist, was aber leider nicht einfach nur durch eine Willensentscheidung gelingt.

Manche von uns sind sehr emotional veranlagt, und das scheint ein beachtliches Handicap darzustellen, denn genau wie die übertriebene Gedankenaktivität zieht uns auch eine starke Emotion vom eigenen Selbst weg.

Gefühle haben zudem die Begleiterscheinung, Gedankenaktivitäten noch mehr zu verstärken, sei es, dass man die Ursachen etikettiert, gedanklich Schuld zuweist und über allerlei weitere Zusammenhänge, Folgen und Verhaltensweisen grübelt. Es entsteht ein Zustand des Aufgewühltseins, ganz gleich, ob wir das nach außen ausagieren oder nicht.

Andererseits bieten Gefühle eine große Chance zur Zentrierung, weil sie hochenergetische Zustände sind. Allerdings sind sie auch ähnlich schwer zu bändigen wie ein ausgebrochener Tiger, außer man verfügt über die richtigen Mittel, diese Tigerkraft zu bändigen und für sich zu nutzen. Die Kunst besteht dabei darin, während eines akuten und aufwühlenden negativen Gefühls wie zum Beispiel Wut oder Schmerz dennoch intensiv präsent und selbst-bewusst zu bleiben, MITSAMT dem Gefühl.

Das Symbolbild dazu wäre, das »Auge des Orkans« zu sein, und es bedeutet, dass wir den eigenen Gefühlssturm zwar in seiner ganzen Intensität fühlen und wild toben lassen, ohne ihn zu verdrängen, aber *gleichzeitig ein inneres Gewahrsein des eigenen Ich oder Selbst bewahren* und darin fest verankert bleiben, *in unserer innersten Beobachter-Instanz,* die wir in diesem Zusammenhang jetzt einmal »Auge des Orkans« nennen.

Da wir das normalerweise nicht trainiert haben, sind vor allem die besonders emotionalen Naturen unter uns von ihren Gefühlen stark absorbiert und gehen über einen kürzeren oder längeren Zeitraum oft völlig darin verloren. Manch einer mag diesen Zustand sogar gerne und definiert diese emotionale Achterbahnfahrt für sich als »Lebendigkeit«. Wer aber innere Klarheit, Präsenz, geistige Kraft und Wachheit bevorzugt und überhaupt eine innere Leichtigkeit und Heiterkeit schätzt, bedient sich im Gefühlsstrudel lieber des Schlüssels der Achtsamkeit, um den harmonischen und heiteren Naturzustand des eigenen Geistes wiederherzustellen.

Wir verfügen über zwei machtvolle Werkzeuge, unsere starke emotionale Energie als Chance für Präsenz und auch für inneres Glücksgefühl zu nutzen.

1. Das erste Werkzeug stellt das intensive, zentrierte Gewahrsein dar. Der *Fokus der Achtsamkeit ist auf den inneren Beobachter dieses Erlebens, auf das »Auge des Orkans«, gerichtet.* Bewusstsein besitzt in seiner Fokussierung nämlich eine uneingeschränkte Transformationskraft für das eigene Präsenzgefühl und die eigene Selbst-Bewusstheit.

2. Das zweite Werkzeug lenkt unsere emotionale Energie grundsätzlich mehr ins Positive und verankert sie dort. Diese Methode nennen wir die *»Praxis der positiven Emotion«*. Diese Praxis schenkt heitere Gelassenheit und ein positives, freudiges Lebensgefühl.

Diese beiden hocheffizienten Werkzeuge finden Sie im folgenden Text beschrieben. Zum ersten Punkt finden Sie zwei meditative Übungen zur Transformation negativer oder belastender Emotionen. Das zweite Werkzeug »Praxis der positiven Emotionen« ist im Kapitel 10 dargelegt.

Negative Emotionen als Werkzeug zur Zentrierung

Unter negativen Emotionen verstehen wir sämtliche Gefühle, die uns Schmerz bereiten, quälen, ärgern oder in sonstiger negativer Weise aufregen. Die gängigen Alternativen zu solch unerwünschten heftigen Emotionen bestehen landläufig im Verdrängen durch die unterschiedlichsten Methoden. Von der Arbeitssucht über Shopping oder Alkoholkonsum finden die unterschiedlichsten Ablenkungsstrategien Anwendung. Eines haben all diese Strategien gemeinsam: Auch wenn sich mit der Zeit die unangenehme Emotion aufzulösen scheint, hat sie sich in Wirklichkeit zumindest teilweise ins Unterbewusstsein abgesetzt. Dort wird sie in irgendeiner unvorhersehbaren Form früher oder später ihre Auswirkungen haben.

Typisch wäre zum Beispiel, dass ein verdrängter Liebeskummerschmerz in den darauffolgenden Jahren immer wieder ähnliche Liebeskummer-Auslöser hervorruft, weil der ursächliche Schmerz nie aufgelöst worden ist und Bedingungen schafft, die ihn wie ein Gespenst wieder auftauchen lassen.

Eine noch weiter verbreitete Folgeerscheinung von Verdrängungen besteht in einer zunehmenden »Stumpfheit«, einem Abnehmen von Lebensfreude und Lebensintensität. Alles erscheint gedimmt, wie durch einen Grauschleier. Im Extremfall kann eine Depression entstehen.

Die volle Vitalität erhalten Sie sich aber nur, wenn Sie Verdrängung vermeiden und die jeweilige Emotion »aussitzen« oder »abkochen«, ganz gleich, wie schmerzhaft das in den jeweiligen Stunden auch sein mag. Halten Sie es stoisch aus, auch wenn es sich um sehr quälenden Kummer und Schmerz handeln sollte, in der Gewissheit, dass es vorübergehen wird. Das quälende Gefühl wird mit dieser Strategie nicht einmal sonderlich lange anhalten. Sie werden dadurch zunehmend lebendiger und präsenter, als würden verschüttete Kanäle freigespült oder sogar freigebrannt. Die Gefühlslage löst sich sogar meistens schneller auf, als Sie erwartet haben, wenn Sie nur bei sich selbst bleiben und das Gefühl mit dem Laserstrahl Ihrer Beobachtung fokussieren.

Je nach Art des Gefühls ist es allerdings wirklich nicht leicht, sich ihm zu stellen. Die volle Wucht des eigenen Ärgers oder des leidvollen Schmerzes konzentriert zu spüren, ähnelt einem Gang durchs Feuer und braucht echten Mut. Erinnern Sie sich aber dabei, dass der Lohn in der Auflösung des belastenden oder quälenden Gefühls besteht, was Ihnen danach tiefen Frieden schenkt. Außerdem gewinnen Sie ein beachtliches Quantum an Präsenz, wenn es Ihnen gelingt, wie das »Auge des Orkans« inmitten Ihres tobenden Gefühlssturms zu ruhen und ihn zu betrachten.

Die richtigen Mittel dazu sind sehr überschaubar. Man benötigt einen ruhigen und ungestörten Platz, auf dem man sich bequem niederlässt. Dann tun Sie nichts weiter, als das PURE Gefühl zu betrachten, es intensiv zu spüren und: … es zu ertragen.

Wichtig ist, dabei tief zu atmen und den Körper, soweit es Ihnen möglich ist, zu entspannen. Mit voller Konzentration gehen Sie in die Intensität Ihres Gefühls. Ihre Aufmerksamkeit liegt mitten in dem Gefühl. Weinen Sie, lassen Sie es in sich schmerzen, wüten oder toben, ohne Ihre »Ich-Instanz« zu vergessen, aber vor allem OHNE DARÜBER NACHZUDENKEN, zu analysieren oder es mit Begriffen zu etikettieren.

Sie spüren also mit aller Wahrnehmungskraft die pure Emotion, ohne über Ursache, Zusammenhänge, Folgen oder Handlungen zu grübeln. Sie *denken* dabei überhaupt nicht, sondern *fühlen* ausschließlich die aktuelle Emotion und betrachten mit fast wissenschaftlichem Eifer, wie sich Ihre Emotion im Detail anfühlt und ob sie eventuell im Körper zu lokalisieren ist.

Auf diese Art beobachten und betrachten Sie die Emotion so, wie ein Wissenschaftler ein seltenes Insekt betrachtet und erforscht. Versuchen Sie währenddessen immer wieder, diesen »Wissenschaftler« in sich selbst zu orten. WER genau betrachtet eigentlich dieses Gefühl? Welche Instanz in Ihnen ist zu dieser Beobachtung fähig? Es ist schließlich nicht das Gefühl, das sich selbst beobachtet …

Wechseln Sie zwischen der intensiven Wahrnehmung und Betrachtung Ihres Gefühls und der Wahrnehmung der Ihnen innewohnenden Beobachtungsinstanz, Ihres inneren Zeugen oder Betrachters. Es ist wichtig, dass Sie Ihrer inneren Beobachtungsinstanz einen konkreten Namen geben. Falls

Ihnen die Benennung »Auge des Orkans« nicht passend erscheint, nennen Sie diese Bewusstseinsinstanz vielleicht »Zeuge«, »Betrachter« oder »Meine Wachheit«, »Meine Sicht auf die Dinge«, »Mein reines Ich-Bewusstsein« oder »Meine pure Bewusstheit«.

Versenken Sie sich in die Beobachtung Ihres Gefühls nach Möglichkeit so lange, wie das Gefühl spürbar ist. Wenn Sie nicht die Möglichkeit haben, das kontinuierlich fortzuführen, bis sich die Emotion aufgelöst hat, dann bauen Sie sich Etappen dafür ein, so, wie es jeweils in den Tagesverlauf passt. (Wenn das viele Menschen praktizieren, werden die Therapeuten zunehmend unter Beschäftigungslosigkeit zu leiden haben.)

Die Zeitdauer richtet sich natürlich nach der Intensität des Gefühls, aber diese Fokussierung verkürzt die Dauer des quälenden Gefühlszustands auf einen Bruchteil! Außerdem wird die Emotion durch diesen Prozess gründlich aufgelöst und transformiert, was für Sie von unschätzbarem Wert ist und viel Lebendigkeit und Bewusstheit erzeugt.

Mit dieser Methode werden seit Jahren erstaunliche »Gefühlserfolge« erzielt.

Hannah, eine schöne und vitale schlanke Frau um die vierzig mit blitzenden braunen Augen, vielen Lachfältchen und langen, dunklen Haaren, berichtete, wie sie den tiefen Trennungsschmerz nach dem Verlassenwerden vom Partner durch beharrliche und intensive Selbstbetrachtung mithilfe zweier Marathonsitzungen an zwei Tagen von je 15 Stunden geheilt hat. Dieses hochemotionale Wochenende bezeichnete sie als lang, anstrengend, schmerzvoll und quälend, aber auch als sehr »lebendig-intensiv«. Sie habe

viel geweint und sei von der unerträglichen Traurigkeit so überwältigt gewesen, dass sie sich zeitweise nicht vorstellen konnte, weiterzuleben.
Der Schmerz war danach laut ihrer Äußerung wie »ausgebrannt«, die Bindung gelöst, und eine unbeschwerte Ruhe breitete sich plötzlich in ihr aus, zusammen mit einem Gefühl der Erleichterung und der Befreiung.
Zu ihrem eigenen Erstaunen und auch zur Verwunderung des Expartners war Hannah ihm gegenüber ab diesem Zeitpunkt emotional »immun«, sie empfand ihm gegenüber keine Emotion mehr, weder Sehnsucht noch Ärger, noch Trauer.

Meditative Übung 1
Transformation einer alltäglichen negativen Emotion

Nehmen wir als Beispiel hier das Gefühl eines alltäglichen *Ärgers.* Sobald Sie Ihre Achtsamkeit für sich selbst ein wenig trainiert haben, schalten Sie genau in dem Moment, in dem Sie wütend auf jemanden werden, auf Ihren »inneren Beobachter« um.

Diese Beobachterinstanz in Ihnen ermöglicht Ihnen ein wenig mehr Distanz und Entscheidungsspielraum.

Sie wissen natürlich selbst, dass Ärger ein negatives und wenig wünschenswertes Gefühl ist, das Frust, ungute Handlungen und schlechte Laune nach sich zieht.

Überprüfen Sie daraufhin Ihren Ärger: Entscheiden Sie, ob Sie ihm die Zügel schießen lassen und sich der heißen Wut überlassen möchten oder nicht. Analysiert man eine Ärger hervorrufende Situation, beinhaltet sie meistens ein Schuldthema, bei dem Ihnen nach Ihrem Empfinden ein Schaden oder eine Kränkung zugefügt wird. Aber nehmen Sie sich grundsätzlich vor dem Thema Schuld in Acht, Schuldzuweisungen führen immer in eine Sackgasse und ziehen unweigerlich weiteren Ärger und Stress nach sich. Es ist sinnvoller, kühl zu bleiben und eine Art souveräne innere Eleganz zu kultivieren.

Neben einer solchen »Kosten-Nutzen-Abwägung« finden Sie in einer verärgernden Situation eine hervorragende Herausforderung, sich gerade unter solch erschwerten Bedingungen zu zentrieren und vollkommen bei sich selbst zu bleiben. Zur Unterstützung verlassen Sie am besten die Auslösersituation und gehen räumlich kurz auf Abstand. Praktizieren Sie innerlich die folgende innere Haltung zur Situation:

1. *Lehnen Sie sich innerlich zurück, betrachten Sie aus Ihrer kühlen, klaren Beobachterinstanz heraus den aufkommenden Ärger.*

2. *Nehmen Sie Ihren Atem wahr, nehmen Sie Ihren Körperinnenraum wahr, nehmen Sie Ihr Ich, Ihr Bewusstsein wahr. Lehnen Sie sich innerlich zurück in Ihren Rücken hinein. Grübeln Sie aber nicht über die Ursache dieses Ärgers!*

3. *Betrachten Sie den aufgekommenen Ärger wie ein skurriles Insekt, das in Ihnen wütend herumschwirrt und angreift. Wie fühlt sich der Ärger an – hitzig oder eiskalt, hasserfüllt, wild? Wo in Ihrem Körper ist der*

Ärger fühlbar – im Hals-, Herz- oder Magenbereich? (Weiterhin vermeiden, über die Ursache des Ärgers nachzudenken!)

4. *Wechseln Sie zwischen der Wahrnehmung des Ärgergefühls und der Wahrnehmung Ihrer inneren Beobachtungsinstanz. Spüren Sie Ihr innerstes Ich. (Die Ursachen des Ärgers nicht analysieren!)*

5. *Verweilen Sie wachsam mit der Wut, aber zentrieren Sie sich währenddessen in Ihrem innersten Ich wie im »Auge des Orkans«, verankern Sie sich in Ihrem »Inneren Betrachter«, oder wie immer Sie Ihre zentrale Beobachtungsinstanz nennen möchten. Aus dieser Zentrierung heraus entstehen innerhalb kurzer Zeit eine wohltuende Kühle und Klarheit. Sie erzielen damit eine klärende und stärkende Transformation.*

Da Bewusstsein grundsätzlich stärker und viel konstanter ist als jede Emotion, wird sich die Emotion immer in überschaubarer Zeit auflösen, so, wie ein Wölkchen im strahlenden Sonnenschein verdunstet.

Meditative Übung 2
Transformation einer starken negativen Emotion

Diese Meditation ist die schwierigste – weil unkomfortabelste – Übung. Dafür wirkt sie aber *als enormer Katalysator für Ihre innere Kraft und Klä-*

rung. Neben der gründlichen Auflösung des belastenden Gefühls erleben Sie eine wohltuende Befreiung.

Handelt es sich um eine starke Emotion, ist diese Methode besonders wirkungsvoll. Man kann sie dann regelrecht als »Gang durch das Feuer« bezeichnen, vor allem, wenn es sich um Gefühle wie Trennungsschmerz, Eifersucht oder um ein Schockerlebnis handelt. Dann braucht es besonderen Mut und die Tapferkeit eines Kriegers, sich der vollen Wucht des Gefühls zu stellen. Aber wagen Sie es, es lohnt sich.

1. *Setzen oder legen Sie sich an einen Ort, an dem Sie ungestört sind. Schließen Sie die Augen und spüren Sie das Gefühl und dessen ganze Intensität.*

2. *Vermeiden Sie es unbedingt, über das Gefühl, seinen Ursprung, mögliche Folgen etc. nachzudenken. Es geht ausschließlich um die WAHRNEHMUNG des Gefühls.*

3. *Betrachten Sie die Qualität des Gefühls, schauen Sie, in welcher Körperregion es zu lokalisieren ist, beobachten Sie alle Eigenschaften und Merkmale der Emotion genauso, wie ein Wissenschaftler ein merkwürdiges Objekt betrachtet und untersucht. (Achten Sie darauf, zu keiner Zeit über das Gefühl oder seine Ursachen nachzudenken!)*

4. *Tauchen Sie ein in das Gefühl, lassen Sie es toben und an Ihnen zerren, lassen Sie es schmerzen. Erfühlen Sie die Emotion aus allen Richtun-*

gen und erkunden Sie sie ganz genau. Halten Sie die Emotion aus in dem sicheren Wissen, dass sie vergänglich ist und sich bald auflösen wird. (Vermeiden Sie weiterhin, über das Gefühl nachzudenken oder zu grübeln!)

5. *Seien Sie das »Auge des Orkans«, um das der Sturm des Gefühls tobt und wütet. Fragen Sie sich abwechselnd zur Gefühlswahrnehmung immer wieder: »WER nimmt dieses Gefühl wahr?«, »Welche Instanz in mir erfährt und beobachtet dieses Gefühl?«. Gehen Sie dann mit Ihrer Wahrnehmung wieder ganz in das Gefühl hinein. Wechseln Sie immer wieder zum »Auge des Orkans« bzw. dem »Zeugen« oder »Inneren Betrachter«.*

6. *Wenn Sie die Möglichkeit haben, das ununterbrochen zu tun, dann »kochen Sie diese Energie so lange ab«, bis sie transformiert und aufgelöst ist. Schaffen Sie ansonsten weitere Zeitfenster, in denen Sie der Emotion erlauben, sich auszubreiten, bis sie aufgelöst ist.*

10 Positive Emotionen und »Glücks-Eigenschaften« entfalten

Solchen Extrem-Emotionen sind wir normalerweise nicht allzu häufig ausgesetzt, aber es lauern leider noch viele andere Feinde im Alltag darauf, uns den Seelenfrieden und die Präsenz zu rauben.

Natürlich wissen wir, dass es für unser Wohlbefinden und unsere Grundstimmung enorm wichtig ist, das eigene Bewusstsein eher mit positiven als mit negativen Emotionen aufzuladen. Bloß … wie? Wie können wir alte Gefühlsmuster auflösen, wenn wir beispielsweise dazu neigen, uns von einer bestimmten Person jedes Mal aufs Neue provozieren zu lassen, obwohl wir wissen, dass es nichts außer schlechter Laune bringt?

Durch die »Praxis der positiven Emotionen« können wir uns vor Störungen durch negative Emotionen schützen und eine belastbare, harmonische und heitere Gefühlslage erzeugen. Die nachfolgende Methode ist sehr simpel und kann trotzdem kleine Wunder vollbringen, was unser inneres Wohlbefinden, die Stimmung und den nervlichen Zustand betrifft. Häufig verschwinden dadurch sogar psychosomatische Beschwerden nach kurzer Zeit, der Schlaf wird erholsamer und tiefer, und wir lassen uns im Alltag längst nicht mehr so leicht aus der Ruhe bringen. Gewöhnen wir uns diese gedankliche Haltung an, entstehen ganz von selbst eine beständige heitere Gelassenheit und gute Laune.

Werfen wir kurz einen Blick auf die Faktoren, die den Zustand des inneren Friedens und der Zentrierung allzu oft sabotieren. Interessanterweise sind es genau die Eigenschaften, die traditionell als Untugenden bezeichnet werden, welche uns den Seelenfrieden rauben. Ganz gleich, ob es sich um Hass, Gier, Ärger, Neid, Missgunst, Geiz und so weiter handelt, diese von jeher als Untugenden bezeichneten Eigenschaften schaffen es immer, uns in eine Form der Spannung und Unruhe zu versetzen und ein rastloses, ungutes Lebensgefühl zu erzeugen. Ohne irgendwelche Moralvorstellungen zu verfolgen, leuchtet es jedem auf Anhieb ein, dass eine Haltung der Toleranz, der Freundlichkeit und der Großzügigkeit ganz von selbst innere Gelassenheit und Souveränität erzeugt. Daher können wir diese Tugenden ohne Weiteres als »Glücks-Eigenschaften« bezeichnen.

Um die Glücks-Eigenschaften zu fördern, setzen die Buddhisten seit zweieinhalbtausend Jahren die sogenannte »Metta-Meditation« als sehr wirkungsvolle Methode ein, weil sie eine emotionale »Alchemie« bewirkt. Neben der Achtsamkeitsmeditation und -praxis wirkt sich die bewusste positive Ausrichtung der Gedanken aus. Allein über die eigenen Gedanken kann man eine Art »Gegengift« zu den belastenden Untugenden erzeugen und darüber innerlich die Weichen zugunsten eines deutlich entspannteren und freundlicheren inneren Zustands stellen.

Falls Sie beispielsweise die zutiefst menschliche Eigenschaft besitzen, manchen Zeitgenossen ihr Glück zu neiden und es ihnen einfach nicht zu gönnen, oder gelegentlich unter einer nagenden Missgunst oder Neid leiden, können Sie das höchst befreiende alchemistische Gegenmittel der Mitfreude kultivieren. Anfangs mag das vielleicht ein wenig Überwindung kosten (»Im Prinzip ja, aber gerade DEM oder DER gönne ich es auf gar keinen Fall, weil …«). Dennoch sollte man sich mit einem kleinen inneren Ruck überwinden, auch jenen Menschen, die scheinbar unverschämtes Glück haben und offenbar völlig unberechtigt erfolgreich sind, dieses Glück einfach mal von Herzen zu gönnen, im Konsens mit dem buddhistischen Gedankengut: »Möge er/sie *immer* so glücklich und erfolgreich sein!«, und sich dann für diesen Menschen ein wenig mitzufreuen.

Die innere Arbeit an der eigenen Gesinnung mag Ihnen zunächst vielleicht überflüssig oder übertrieben erscheinen, aber solche Gedanken verändern das innere Lebensgefühl deutlich zum Positiven. Eine freundliche Gesinnung hat spürbar mehr innere Lockerheit und Heiterkeit zur Folge. Probieren Sie es aus, vermutlich werden Sie das schon nach der ersten Praxis wahrnehmen können.

Durch die nachfolgend beschriebene tägliche »Praxis der positiven Emotionen« hat es eine Klientin geschafft, aus ihrer chronisch depressiven Stimmung herauszufinden. Mit dieser morgendlichen Übung gelinge es ihr, inzwischen immer in guter und heiterer Stimmung zu sein, sagt sie. Ihre Erfahrung ist dabei kein Einzelfall und vielleicht ist das sogar ein Indiz für einen Zusammenhang zwischen dieser meditativen Übung und der Produktion des Botenstoffes Serotonin, des Stoffs, der uns heiter stimmt und der mit freundlich-positivem Denken einhergeht – hochinteressante Forschungsergebnisse auch dazu finden sich übrigens im letzten Kapitel.

Auch bei den Gruppensitzungen zur »Praxis der positiven Emotionen« berichteten die Teilnehmer immer wieder, ihre Stimmung habe sich dadurch deutlich verbessert; wir nannten diese Übung daher auch »Gute-Laune-Meditation«.

Praxis der positiven Emotionen

Konzentrieren Sie sich nun einige Minuten darauf, circa fünf bis zehn Menschen von ganzem Herzen die nachfolgend genannten gute Zustände zu wünschen und zu visualisieren.

Stellen Sie sich dabei vor, wie die jeweilige Person in dem gewünschten Zustand wirkt und aussieht (vital, strahlend, lachend, glücklich). Das können bei Ihrer »Praxis der positiven Emotionen« immer wieder unterschiedliche Personen sein, Sie können aber auch jedes Mal bei den gleichen Menschen bleiben. Sie beginnen mit den positiven Wünschen BEI SICH SELBST und visualisieren sich selbst ebenfalls gesund, glücklich, erfolgreich und strahlend.

Setzen Sie sich in eine bequeme Sitzposition und entspannen Sie Ihren ganzen Körper. Betrachten Sie eine Minute lang Ihren Atem, und versuchen Sie, so ruhig und tief zu atmen, dass sich Ihre Bauchdecke mit jedem Atemzug hebt und senkt. Entspannen Sie den Bauch und den Solarplexus.

1. *Visualisieren und wünschen Sie zunächst für sich selbst:*
   - *1. Gesundheit und Vitalität*
   - *2. Erfolg und Glück in jeder Hinsicht*
   - *3. Gute Laune*

2. *Visualisieren und wünschen Sie für einen oder mehrere Menschen, die Sie lieben oder mögen:*
   - *1. Gesundheit und Vitalität*
   - *2. Erfolg und Glück in jeder Hinsicht*
   - *3. Gute Laune*

3. *Visualisieren und wünschen Sie für einen oder mehrere Menschen, die Sie nur flüchtig kennen, zu denen Sie aber keine Beziehung haben:*
   - *1. Gesundheit und Vitalität*
   - *2. Erfolg und Glück in jeder Hinsicht*
   - *3. Gute Laune*

Nachdem Sie dies praktiziert haben, werden Sie den wohltuenden Effekt unmittelbar wahrnehmen können.

Sollten Sie darüber »übermütig« werden und etwas Übung haben, dann senden Sie diese positiven Attribute als 4. Übung auch an jemanden, den Sie *nicht* mögen oder mit dem Sie zerstritten sind. Diese Übung ist allerdings anspruchsvoll und eher für Fortgeschrittene.

11 Zentrierung durch Selbstfokussierung – »Hauptdarsteller deines Lebens«

Hier folgt eine Allround-Zentrierungsübung, doch bevor Sie sich zu dieser Methode begeben, sollten Sie am besten einige Praxis mit den vorangegangenen Zentrierungsübungen und auch mit der »Praxis der positiven Emotionen« gesammelt haben.

Auf der Basis dieser Vorübungen ist diese Zentrierung sehr umfassend und jederzeit alltagstauglich, immer und überall.

Denken Sie einmal an Ihre Kinoabende. Haben Sie nicht auch schon völlig fasziniert dem Hauptdarsteller oder der Hauptdarstellerin eines Films zugeschaut und mit dieser Person zusammen gefühlt, gesehen und gehandelt? Bestimmt waren Sie schon einmal völlig absorbiert von der Präsenz eines guten Schauspielers in einem fesselnden Film, oder?

Es ist erstaunlich einfach, sich der Präsenz eines ausdrucksvoll agierenden Filmstars hinzugeben und sich seinem Erleben für die Dauer eines Films auszuliefern, es macht Spaß und ist unterhaltsam.

Aber was hat das mit unserem Zentrierungsthema zu tun? Tatsächlich kann uns dieses Phänomen, dass ein Schauspieler uns in einem Film durch seine Präsenz derart mitreißen kann, sehr inspirieren. Allerdings werden wir den Spieß umdrehen.

Wir sind nicht bloß Zuschauer irgendeines Geschehens, weder im Kino noch im Alltag. Als Erstes sollten wir uns bewusst machen, dass wir in jedem einzelnen Moment Hauptdarsteller(in) in unserem eigenen Lebensfilm sind! Und das sind wir auch in den Momenten, in denen wir beispielsweise ganz profan im Kinosaal sitzen und tief berührt die Handlungen und Emotionen eines großartigen Schauspielers verfolgen.

Hier wäre das Übungsbeispiel für Sie als Kinobesucher: Während Sie den Film im Kino aufmerksam verfolgen, könnten Sie mental einmal einen Kameraschwenk vollziehen: Die Kamera richtet sich in Ihrer Vorstellung plötzlich in Großaufnahme auf IHR Gesicht, das den Ausdruck der Szene widerspiegelt. Sie sehen *SICH SELBST* im Kinosaal als den geheimen Hauptdarsteller dieser Szene – im Halbdunkel sitzend, völlig gebannt, Popcorn knabbernd und dabei gefesselt auf die Leinwand blickend, und hinter Ihrem Kopf leuchtet der Filmprojektorstrahl. Vor Ihnen die dunklen Köpfe der anderen Kinobesucher. Sie registrieren sehr bewusst *IHRE* Präsenz im Kino, Ihr eigenes Gewahrsein in diesem Raum zusammen mit den anderen Menschen, Ihren angehaltenen Atem in spannenden Szenen, Ihre Träne im Augenwinkel im Moment des Happy Ends. Und das alles in Großaufnahme. Sie als Zuschauer sind Hauptdarsteller in der Lebens-Szene *»ICH schaue einen Kinofilm«*.

Diesen Perspektivenwechsel – zu sich selbst hin – können Sie in jede Alltagssituation mitnehmen. Ein Schauspieler besitzt seine faszinierende Präsenz unter anderem deswegen, weil sich ein Regisseur, mehrere Beleuchter, Kameraleute, Visagisten und Nebendarsteller auf ihn (sie) konzentrieren.

Der Hauptdarsteller weiß sich im Mittelpunkt des Geschehens, auch wenn er beispielsweise gerade nur ganz beiläufig etwas in die Computertastatur eingibt und total gedankenverloren dabei wirkt. Er weiß dennoch in jedem Moment sehr genau, dass ein Team von Menschen auf ihn konzentriert ist, und er selbst ist ebenfalls ganz auf sich, seine Rolle und deren momentane Gefühlslage konzentriert.

Kunststück, so überaus zentriert zu sein, wenn sich ein ganzes Team auf einen fokussiert, was unsereinem im Alltag natürlich nicht zur Verfügung steht. Dennoch können wir die Zentriertheit eines Schauspielers für diese umfassende Zentrierung als Inspiration nehmen, ganz ohne dass Sie ein Filmteam mieten müssen, das sich auf Sie konzentriert, Sie filmt, Sie coacht, beleuchtet und unterstützt, denn das kann einfach und jederzeit in Ihrem Kopf geschehen.

Während Sie also beispielsweise einen eher belanglosen Text in den Rechner tippen oder gerade Ihre Tankquittung bezahlen, stellen Sie sich einmal vor, wie ein ganzes Team Ihren Ausdruck dabei verfolgt und dass Beleuchter das Licht in Beziehung zu Ihnen setzen, während mehrere Kameras Ihre Bewegungen, Ihre Handlungen und Ihre Worte im Film festhalten.

Stellen Sie sich weiterhin vor, wie daraufhin Millionen von Menschen auf der ganzen Welt Ihnen dabei zusehen, wie Sie mit geistesabwesendem Gesichtsausdruck einen belanglosen Text eingeben oder wie Sie mit gelangweiltem Gesicht staubsaugen oder ein Netz Orangen kaufen oder wie Sie verschwitzt durch die Landschaft joggen.

Wenn Sie sich jetzt einige Augenblicke darauf konzentrieren, dass genau in *diesem* Moment ein Filmteam Ihr derzeitiges Lesen aufnimmt, jede feinste Regung in Ihren Augen in Großaufnahme festhält und dass Millionen

Menschen in zahllosen Großstadtkinos Ihre momentane Aktion und den nachdenklichen Ausdruck in Ihrem Gesicht beim Lesen gebannt verfolgen werden, werden sich Ihre Präsenz und Ihr Gegenwärtigsein genau JETZT intensiv verstärken.

Genau jetzt in diesem Moment wächst Ihre Präsenz an, und zwar ohne dass äußerlich irgendetwas Dramatisches geschieht. Es geschieht äußerlich nicht mal eine Veränderung. Sie verschieben lediglich Ihren Fokus auf sich selbst, das ist alles.

Ihr Fokus richtet sich auf … SELBSTGEWAHRSEIN. Das ist das ganze Geheimnis.

Auch wenn das für Sie vielleicht wie ein amüsantes Spiel klingen mag, versuchen Sie sich im Alltag doch einmal so oft wie möglich als Hauptdarsteller zu sehen. Konzentrieren Sie sich dabei ganz auf sich und Ihr Tun, und versinken Sie darüber in der eigenen Präsenz. Achten Sie dabei aber bitte *nicht auf Ihre Außenwirkung* und auch nicht auf die Resonanz der Mitmenschen, denn genau darum geht es hier definitiv nicht!

Es geht ausschließlich um Ihre pure Selbstwahrnehmung, ganz gleich, ob das jemand registriert oder nicht.

Aber – mutiert man an diesem Punkt nicht zum narzisstischen Egozentriker?, fragen Sie sich vielleicht. Nein, tut man nicht, aus zwei Gründen. Es gibt die narzisstisch-egoistische Präsenz, die auf Außenwirkung bedacht ist und auf Anerkennung abzielt. Eine Art der Selbstinszenierung, die stets mit Aufmerksamkeitshunger und Berechnung checkt, ob und wie die Außenwelt reagiert, und daraus Aufmerksamkeit zieht, ohne jemals »satt« zu werden.

Echte Präsenz ist im Gegensatz dazu überhaupt nicht auf Außenwirkung aus, sondern bringt Sie immer tiefer mit Ihrer wahren inneren Natur in Verbindung. Echte Präsenz synchronisiert Sie mit Ihrem Geist. Sie werden aus sich selbst heraus, besser gesagt, aus Ihrem Selbst heraus »satt« und zufrieden.

Gewissermaßen »entmachtet« diese Präsenz sogar die Außenweltreaktionen ein Stück weit, und genau das ist das Heilsame und Stärkende daran. SIE allein entscheiden aus der Natur Ihres innersten Geistes, was Sie tun und fühlen und wer Sie sind. Ungeachtet dessen, ob das irgendjemand registriert oder nicht, gut findet oder schlecht findet, denn darum geht es nicht. Es geht ausschließlich um das Entdecken und Wahrnehmen Ihres inneren Seins, Ihres Geistes und Ihrer Essenz und nicht um Beifall heischendes Effektverhalten. Im Gegenteil. Ein Mensch, der in sich ruht, in der Natur des Geistes verankert ist und seiner selbst gewahr, hat die Außenresonanz nicht mehr nötig, weil er von innen heraus bestens »genährt«, zufrieden und »gesättigt« ist.

Daher macht es Sie erst zu einem wirklich sozialen Wesen, wenn Sie in Ihrer eigenen wahren geistigen Natur ruhen. Sie sind in Ihrem Selbstbewusst-Sein weitaus weniger egoistisch oder eitel, weil Sie auch weitaus weniger »bedürftig« sind, was zum Beispiel Zuwendung oder Anerkennung betrifft. Sie werden ganz im Gegenteil dadurch erst richtig wach, bewusst und liebesfähig. In diesem innersten Kern Ihrer Persönlichkeit findet sich Ihre wahre Natur – eine heitere und friedliche Güte, die mit allen in Einklang ist und mitfühlend reagiert, wenn jemand Hilfe braucht. Um noch einmal den Buddhismus zu zitieren, geht man dort vom »grundlegenden Gutsein eines jeden Wesens« aus, was die wahre innerste Natur betrifft.

Um diesen innersten Wesenskern zu erreichen und freizulegen, ist die Kombination der vorab beschriebenen »*Praxis der positiven Emotionen*« mit der Fokussierung »*Sei Hauptdarsteller deines Lebens*« sehr hilfreich.

Indem wir neben dieser intensiven Zentrierung im Selbstgewahrsein auch den ergänzenden Weg, die Empfindungen von Mitgefühl und Mitfreude und die freundliche und liebevolle Wahrnehmung anderer Wesen praktizieren, bringen wir beide Wege zusammen, die gleichermaßen in das innerste Wesenszentrum führen. Wenn auch aus unterschiedlichen Richtungen, aber gerade das harmonisiert uns von Grund auf.

Meditative Übung zur Zentrierung »Hauptdarsteller im eigenen Lebensfilm«

Nehmen Sie sich eine Situation vor, in der Sie sich ganz auf diese Betrachtungsweise ausrichten möchten, beispielsweise einen Einkauf.

- *Stellen Sie sich vor, dass das gesamte Universum seine Aufmerksamkeit auf Sie richtet, mit allem, was Sie tun und sagen, wie Sie schauen, wie Sie aussehen.*

- *Stellen Sie sich alternativ ein Filmteam vor, welches Sie in einer solch alltäglichen Situation filmt, coacht, kommentiert, beleuchtet. Mit Ihrer Achtsamkeit und Ihrem Gewahrsein sind Sie während der Situation vollkommen auf sich selbst fokussiert und füllen die Szene mit*

Ihrer Präsenz. In Ihrer Vorstellung konzentriert sich das Filmteam ebenso auf Sie wie auch Millionen Kinozuschauer.

Wählen Sie öfters Situationen aus, in denen Sie Ihre Aufmerksamkeit intensiv und vollständig auf Ihren »Auftritt«, Ihre Handlungen, Ihr Gefühl und Ihre Präsenz konzentrieren.

12 Macht über sich selbst behalten – Training für den Alltag

Eine Grundregel für die Praxis der Zentrierung lautet: »Schenken Sie Liebe, schenken Sie Aufmerksamkeit, und schenken Sie weg, was immer Sie wollen – aber niemals die Macht über sich selbst!« Selbstverständlich gebe ich nicht die Macht über mich selbst weg, werden Sie denken. Doch wir alle verlieren ständig unbemerkt Aufmerksamkeitsenergie und geben damit viel Macht über uns selbst weg, indem wir unsere Aufmerksamkeit zu intensiv an Dinge, Wünsche, Emotionen und Situationen verschenken.

Aber nur, wenn Sie zentriert sind, können Sie die Macht über sich selbst behalten. Dazu finden Sie hier eine meditative Übung, die Sie für den turbulenten und ablenkenden Alltag trainiert und Ihre Präsenz und Ihr Selbstgewahrsein intensiv schult. Dieses Training machen Sie am besten … während des Fernsehens! Wiederholen Sie dann in Gedanken die folgenden Sätze, und versuchen Sie, diesen Zentrierungszustand zu etablieren, *während Sie gleichzeitig* eine TV-Sendung verfolgen.

Dazu können Sie den folgenden meditativen Text übersichtlich auf ein DIN-A4-Blatt kopieren oder ihn abschreiben. Lesen ihn während des Fernsehens immer wieder durch und lassen Sie die Worte dabei ihre Wirkung entfalten.

Jeweils 1 bis 2 Minuten pro Affirmation:

- *Während ich meinen Körper entspanne, genieße ich meine ruhigen Atemzüge.*

- *Ich fühle mich selbst sehr intensiv. Ich spüre meine Körperhaltung. Ich spüre meine Atmung.*

- *Während des Fernsehens nehme ich meine Wachheit, meine Bewusstheit und meine Präsenz wahr.*

- *Während ich fernsehe, genieße ich es, mich zu spüren. Ich sinke immer noch tiefer in mein Ich, in mein Dasein. Zugleich nehme ich im Außen alles wahr und bin sehr bewusst und hellwach.*

- *Ich nehme während des Fernsehens gleichzeitig einmal meinen »Inneren Beobachter«/»Zeugen« wahr: »WER schaut fern?«*

- *Ich ruhe zufrieden in mir.*

13 Zentrierung im JETZT

Die Zentrierung im Jetzt geht unvermeidlich mit der Zentrierung im Selbst einher, und es ist eine individuelle Geschmackssache, welche Art der Achtsamkeits- oder Präsenzübung man bevorzugt. Neben der intensiven Selbstwahrnehmung führt auch die Konzentration auf den gegenwärtigen Moment sofort zu Präsenz und Zentrierung. Im Alltag hilft es Ihnen, mit einem tiefen Atemzug die Konzentration aus der Außenwelt und aus den zig Gedanken, die Sie gerade noch davongetragen haben, herauszuziehen und zurückzukehren in den jetzigen Moment. Registrieren, spüren, beachten Sie das Jetzt. Probieren Sie es genau *jetzt*, beim Lesen, aus:

Sie lesen, JETZT.

Der jetzige Moment ist magisch, denn wenn Sie sich intensiv auf den gegenwärtigen Moment konzentrieren, haben Sie den Eindruck, eine unergründliche Zeitlosigkeit zu spüren. Vielleicht liegt darin ein großes Geheimnis, denn Mystiker aller Zeiten haben immer wieder behauptet, dass das JETZT uns in die Ewigkeit eintauchen lässt, weil in der letztendlichen Wirklichkeit keine andere Zeitdimension als die absolute Gegenwart existiert. Der Moment, den Sie jetzt gerade erleben, ist demnach das einzig Reale. Erinnerungen an die Vergangenheit und Erwartungen an die Zukunft sind von ihrer Natur her immer Fiktion.

Wer mag, kann sich dazu in Kontemplation versenken. Versuchen Sie aber auch einmal, dem jetzigen Moment im Alltag immer mehr Bedeutung und Beachtung zu schenken.

Wenn Sie mögen, üben Sie zusätzlich die konzentrierte Meditation über das Jetzt, eine anspruchsvolle und intensive Meditation. Sie finden über die Konzentration auf den gegenwärtigen Augenblick ganz von selbst in die Einheit mit Ihrem innersten Ich, dem reinen Gewahrsein und zu intensiver Präsenz im ewigen Jetzt.

Meditation zur Zentrierung im Jetzt

Sitzen Sie bequem, aber aufrecht, und tauchen Sie aus Ihrem normalen Alltag auf in die vollständige Gegenwärtigkeit. Spüren Sie den Innenraum Ihres Körpers und Ihren Atem.

- *PRÄSENZ IM JETZT – Ihre Aufmerksamkeit richtet sich in dieser entspannten und ruhigen Klarheit ganz auf den jetzigen Moment aus. In diesem Moment existieren keine Vergangenheit und keine Zukunft. Sie sind vollkommen gegenwärtig.*

- *Konzentrieren Sie sich auf den jetzigen Moment. Ihr Bewusstsein erlebt immer das JETZT. In Ihrem innersten Sein ist immer JETZT-Zeit. In Ihrem Geist, Ihrem innersten Zentrum finden Sie immer das befreiende, friedvolle JETZT. Ruhen Sie sich im zeitlosen JETZT aus.*

14 Zentrierung im Selbst-bewusst-Sein

»Stille ist nicht bloße Verneinung von Gedanken und Regungen, sondern etwas Positiveres, als du dir vorstellen kannst. In dieser schweigenden Stille wurzelt Gott, wurzeln die Erlösten.«

Ramana Maharshi

All diese Zentrierungsmethoden bringen uns mit dem innewohnenden Sein, dem gegenwärtigen Moment, mit dem friedvollen, klaren und intensiven »Jetzt« und dem innersten Selbst in Kontakt.

Der natürliche Zustand des Geistes besteht aus heiterer Ruhe und warmer Freundlichkeit, einer Art Wohlwollen anderen Wesen gegenüber. Darüber hinaus registrieren wir eine hellwache Präsenz und Bewusstheit, die sich wunderbar klar und frei anfühlt. Daher brauchen wir nichts zu erzeugen oder zu erlernen. Was wir lernen oder trainieren, ist lediglich, die Hindernisse, Widerstände und Schleier zu entfernen, welche die natürliche Geisteskraft »dimmen«.

Um die wohltuende und positive Energie des eigenen Geistes bewusst genießen zu können, entfernen wir die zeitweilig vorhandenen Hindernisse, wie es unter anderem im Kapitel 9 über den Umgang mit Emotionen beschrieben wird. Zusätzlich trainieren wir Achtsamkeit und Selbstwahrnehmung, die uns wieder ganz in die eigene geistige Kraft bringen.

Ein indischer Weiser des vorigen Jahrhunderts namens Ramana Maharshi hat dazu eine simple, aber hocheffiziente Methode entwickelt, die überkonfessionell ist und in gewisser Weise nüchtern, abstrakt und sachlich vorgeht. Er nannte diese meditative Reflexion einfach »Selbsterkundung«, und diese beinhaltet die permanente Rückbesinnung auf jenes ominöse innerste Selbst, das wir bereits als »Auge des Orkans«, »Inneren Zeugen«, »Eigene Sicht auf alle Dinge«, »Innerste Wachheit«, »Pure Bewusstheit« etc. bezeichnet haben, um uns diesem undefinierbaren innersten Bewusstseinszentrum zu nähern.

Gezieltes Instrument dieser Selbsterkundung sind die ständigen zielgerichteten Fragen: »WER erlebt dies?«, »WER fühlt das?«, »WER erkennt, dass dieses Gefühl vorhanden ist?«, »WER will dies und jenes?«, »WER beseelt diesen Körper?« »WER denkt diese Gedanken?«, »WER stellt diese Forschungen an?«, »WER ist die Beobachtungsinstanz in mir?«, »WER erlebt das gerade?«, »Was und wo ist mein Geist?«, bis hin zur Kernfrage: »WER bin ich?«

Bei dieser Kontemplation und Selbsterkundung ist nicht zu erwarten, dass kristallklare Antworten auf diese Fragen auftauchen, die dem Ergebnis einer Rechengleichung entsprechen.

Vielleicht werden Sie zunächst eher irritiert sein und denken: »Da ist ja gar nichts« oder »Ich finde niemanden!«. Mit solchen Empfindungen sind Sie durchaus auf der richtigen Spur. Erwarten Sie bitte auch keine überirdischen Visionen. Verfolgen Sie einfach die Forschung nach dem »WER« kontinuierlich weiter, Sie dringen damit sehr subtil immer tiefer in Ihren eigenen Geist vor, in Ihr innerstes Selbst.

Gehen Sie auch im Alltag öfter in diesen Innenfokus, und wenden Sie Ihren inneren Blick auf die Fragestellung: »WER erlebt das jetzt gerade?«

Meditation zur Zentrierung im eigenen Bewusstsein

Notieren Sie sich am besten anfangs die folgenden selbstreflektierenden Fragen *einzeln* (!) auf kleine Zettel, die Sie während dieser Meditation lesen. Das hilft Ihnen, gedanklich beim Thema zu bleiben, denn die Gedanken neigen normalerweise immer dazu, abzuschweifen. Kehren Sie dann jedes Mal wieder beharrlich zu Ihrem Zettel und zur Fragestellung zurück oder wechseln Sie zur nächsten Frage.

Sitzen Sie bequem und möglichst aufrecht. Kommen Sie innerlich zur Ruhe und entspannen Sie den ganzen Körper; wenn Sie mögen, mit der Solarplexus-Tiefenentspannung.

Stellen Sie sich gedanklich die folgenden Fragen und forschen Sie nach einem »Echo«, einer Antwort in Ihrem Geist.

- »WER erlebt das?«
- »WER fühlt das?«
- »WER erkennt, dass dieses Gefühl vorhanden ist?«
- »WER will dies und jenes?«
- »WER beseelt diesen Körper?«
- »WER denkt diese Gedanken?«
- »WER stellt diese Forschungen an?«
- »WER ist die Beobachtungsinstanz in mir?«
- »Was und wo ist mein Geist?«
- »WER BIN ICH?«

15 Affirmationen zur Zentrierung

Affirmationen sind positive Suggestionen, die man mental wiederholt, um die Kraft des Unterbewusstseins für die Verwirklichung seiner formulierten Ziele einzusetzen. Für die meisten Menschen sind solche Affirmationen eine sehr hilfreiche Methode, weil dadurch das Unterbewusstsein stimuliert wird, die erwünschte Wirkung immer mehr und mehr zu aktivieren.

Die Affirmationen finden sich erst hier zum Schluss, weil sie ein Resümee der vorangegangenen meditativen Übungen darstellen.

Alle folgenden Zentrierungsformeln können Sie als Affirmationen gut im Alltag einsetzen, um immer wieder aus Stress »aufzutauchen« und sich in Ihrer bereits geübten Präsenz zu zentrieren. Nachdem Sie die praktischen Übungen ausprobiert haben, wissen Sie inzwischen sicherlich, welche Methoden Ihnen besonders liegen.

Picken Sie also entweder Ihre Lieblingsaffirmationen heraus oder verwenden Sie die gesamte Palette, notieren Sie die Sätze auf einem Merkzettel, den Sie in Ihrem Radius deponieren – am Armaturenbrett, in der Geldbörse, an Ihrer Zahncreme und so weiter.

Affirmationen zum KÖRPERBEWUSSTSEIN

Ich höre und spüre mein Atmen.
Ich spüre meine Fußsohlen.
Ich nehme meine Hände wahr.
Ich finde mich in meinem Körpergefühl.
Ich fühle meinen gesamten Körperinnenraum.
Ich spüre meinen Rücken und meine Wirbelsäule.

Affirmationen zur Zentrierung im TUN

Ich achte auf mein Tun.
Ich finde mich im Tun.
Ich finde mich in meinem ruhigen, bewussten Tun.
Ich lausche auf die Geräusche, die mein Tun erzeugt.
Ich nehme meinen Körper handelnd wahr.

Affirmationen zur Zentrierung im SEIN

Ich bin ganz bei mir selbst.
Ich bin tief in mir selbst verankert.
Ich bin ich selbst.

Meine gesamte Aufmerksamkeit kehrt zu
mir zurück und sammelt sich in mir.
Ich bin bei mir.
Ich genieße mein Da-Sein.

Allgemeine Zentrierungsformeln für den Alltag

Ich bin intensiv bei mir selbst.
Ich beachte meinen Atem.
Ich finde mich in meinem Tun.
Ich ruhe entspannt in meiner Mitte.
Ich bin mir meines Bewusstseins bewusst.

RESET im Alltag – Zusammenfassung

In diesem Kapitel sind die einzelnen Zentrierungsmethoden für Fortgeschrittene zusammengefasst für den Alltags-Check. Wenn Sie die verschiedenen meditativen Übungen trainiert haben und sie beherrschen, kopieren Sie sich diese Checkliste und gehen Sie sie täglich mehrmals durch.

- *Immer wieder checken: »Bin ich gelassen und entspannt?«*
- *Solarplexus und Bauch entspannen durch bewusste und ruhige Bauchatmung.*
- *Wohin ist meine Aufmerksamkeit gerade gerichtet? Selbstbeobachtung.*
- *Ich hole meine kostbare Aufmerksamkeit jetzt ganz ZU MIR zurück:*
- *Wie fühle ich mich, wo bin ich gedanklich und emotional?*
- *Ich akzeptiere die momentane Situation oder Emotion, auch wenn diese nicht optimal oder angenehm sein sollte.*
- *Ich fühle meinen Körper, seine Haltung und seine Bewegungen.*
- *Ich beobachte mein Tun. Ich finde mich im Tun.*
- *Ich beachte und höre meinen Atem.*
- *Ich lande im jetzigen Moment.*

- *Ich höre die aktuellen Geräusche, besonders die Geräusche meines Tuns oder meiner Bewegungen.*
- *Ich fühle mich intensiv als Hauptdarsteller der momentanen Lebensszene.*
- *Ich genieße bewusst.*
- *Ich nehme mein Dasein, meine Präsenz intensiv wahr.*
- *Ich gehe liebevoll und einfühlsam mit anderen um.*

Beharrlichkeit

Wie geht es Ihnen inzwischen, nachdem Sie eine Weile diese Übungen praktiziert haben? Bemerken Sie bereits Veränderungen? Dies hier ist keine weitere Übung, sondern einfach nur die Ermutigung für Sie, nach den ersten »Zentrierungserfolgen« weiterhin am Ball zu bleiben, denn die anwachsende Lebensfreude und das zunehmende Präsenzgefühl sind unlimitiert.

Am besten gönnen Sie sich selbst täglich ein Zeitfenster von vielleicht einer halben Stunde Wohlfühlzeit, eine Zeit, die nur Ihnen allein gehört und die Sie liebevoll Ihrem Selbstgewahrsein, Ihrem Wohlbefinden und Ihrer Achtsamkeitsmeditation widmen. Vielleicht schaffen Sie sich zusätzlich kleine Erinnerungshilfen und malen beispielsweise eine symbolische »8« für Achtsamkeit auf den Spiegel, was immer wieder hilft, im Alltag zu sich selbst zurückzufinden.

Die Praxis der Zentrierung ist eine enorm effiziente Methode, und wir sollten in Erinnerung behalten, dass ein wunderschönes Lebensgrundgefühl immer im Hintergrund, sozusagen hinter den Kulissen – tief in unserem eigenen Geist – vorhanden ist. Deshalb sind die Präsenz und die Gegenwärtigkeit so leicht zu verwirklichen, weil es eben dem natürlichen Zustand unseres Geistes entspricht. Wir brauchen diesen Urzustand mit unseren Übungen bloß zu »reaktivieren« oder, besser gesagt, zu *enthüllen,* indem wir Störfaktoren loslassen oder beseitigen. Eine überschaubare Aufgabe, die nur ein wenig Beharrlichkeit und Ausdauer erfordert.

* * *

Mehr SEIN als scheinen. So könnte man abschließend die Devise der Zentrierungspraxis umschreiben. Sie bildet damit einen Kontrapunkt zu den Tendenzen, mit denen uns die Medien mittels Werbung, Trivialnachrichten, Castingshows etc. täglich reizüberfluten. Der dadurch erzeugte Trend zu Oberflächlichkeit und Äußerlichkeit findet damit seinen gesunden Gegenpol – im SEIN, in der Präsenz, im echten Selbst-bewusst-Sein.

Wissenschaftliche Forschungsergebnisse zu Achtsamkeit und Meditation

Achtsamkeit – traditionelle Meditation und zugleich neue Psychotherapie

Achtsamkeitstraining ist eine jahrtausendealte Methode und entstammt ursprünglich dem Buddhismus, dort wird sie als »Vipassana« bezeichnet.

Buddhistische Mönche praktizieren von jeher die Achtsamkeitsmeditation zur inneren Sammlung und zur geistigen Klarheit. Ende der Siebzigerjahre brachten einige Pioniere verschiedene Formen der Meditation und der Achtsamkeitspraxis in den Westen, dazu gehören unter anderem Graf Dürckheim, Matthieu Ricard und Jon Kabatt-Zinn.

Seitdem wurde empirisch nachgewiesen, dass Gelassenheit, geistige Klarheit und Lebensfreude zu den Auswirkungen des Achtsamkeitstrainings gehören. Die regelmäßige Praxis der Achtsamkeit wirkt auf die Psyche, auf die Emotionen und auf die physische Gesundheit.

Neuerdings findet das Achtsamkeitstraining zunehmend Beachtung seitens der Psychotherapeuten und Psychologen. Aufgrund der vielen positiven Erfahrungen der letzten Jahre mit dem Training der Achtsamkeit und nicht zuletzt wegen der oben genannten neurowissenschaftlichen Erkenntnisse wird die Praxis der Achtsamkeit bereits vereinzelt therapeutisch eingesetzt und von einigen vielversprechend als »dritte Wende in der Psychotherapie« angekündigt, weil diese Methode offensichtlich heilend auf die unterschiedlichsten psychischen Probleme wirkt. Zum anvisierten Behandlungsspektrum gehören beispielsweise Burn-out, Borderline-Störung, chronische Erschöpfungszustände, Alkohol- und Drogensucht, Ängste, Phobien, posttraumatische Belastungsstörungen und Vorbeugung von Depressionen. Es lässt sich auch bei psychosomatischen Störungen bereits eine Liste von Therapieerfolgen aufstellen, von der erfolgreichen Behandlung von Magengeschwüren, nervös bedingten Hauterkrankungen, Kopfschmerzen, Darmerkrankungen, Schlafproblemen bis hin zu Übergewicht.

In den letzten zehn Jahren haben sich auch Neurologen interessiert mit den Auswirkungen von Achtsamkeitstraining und Meditation beschäftigt. Indem die Neurowissenschaftler sowohl Langzeitmeditierende (tibetische Mönche) als auch Menschen, die nur einige Wochen lang Achtsamkeit trainiert haben, mithilfe von EEGs untersuchten und zusätzlich in Magnetresonanztomografen farbige Hirnscans erstellten, sind sie zu erstaunlichen Ergebnissen gekommen. Im nächsten Abschnitt finden Sie dazu einige aktuelle Studienergebnisse.

Einer der interessantesten und berühmtesten Vertreter der neurowissenschaftlichen Erforschung der Achtsamkeitspraxis und Meditation ist Matthieu Ricard. Er war viele Jahre lang Molekularbiologe und Genforscher am Institut Pasteur in Paris, bevor er sich einem buddhistischen Meister in Darjeeling anschloss. Er wurde buddhistischer Mönch in Kathmandu und wirkt heute als Übersetzer des Dalai-Lama. Er selbst ist eine bekannte Versuchsperson für neurologische Hirnforschungsmessungen, die an ihm als Langzeitmeditierenden vorgenommen wurden. Außerdem ist er inzwischen Bestsellerautor, unter anderem veröffentlichte er das Buch »*Glück*« *(2007)*.

DIE ZEIT schreibt über Matthieu Ricard als einen Pionier der Bewusstseinsarbeit (Beitrag der ZEIT – ONLINE aus 2007, Ausgabe 30): »Viele Jahre war er für den Westen unsichtbar – bis er eine Diskussion mit seinem Vater, dem Philosophen Jean-François Revel, unter dem Titel ›*Der Mönch und der Philosoph*‹ veröffentlichte. Nun ist er noch prominenter geworden – angelsächsische Medien erkoren ihn zum glücklichsten Menschen der Welt. Im Life & Mind Institute in den USA untersuchten Neurowissenschaftler, Psychologen und Buddhisten gemeinsam das innere Befinden. Ihren Gehirnmessungen zufolge verstärkt die Meditation die Aktivität vor allem in den Bereichen, wo innere Gelassenheit und Freude erzeugt werden. Meditationserfahrene Menschen liegen demnach weit vorn.«

Ähnliches über die vergleichbare Praxis der Zen-Meditation äußert auch Hans Piron, Leiter des »Zentrums für Psychosynthese und Meditation« im Westerwald: »Durch die regelmäßige Praxis von Zen-Meditation dringt man allmählich immer tiefer in den Kern des Seins ein und erfährt wirkliche Stille in sich. Dies ist verbunden mit einem Überschreiten des Ichs und einem Eindringen in den transpersonalen Bewusstseinsraum. In diesem Zustand wird aus dem Beobachter etwas, was man ›stiller Zeuge‹ nennen kann. Es ist die Erfahrung von etwas, was über die personale Ebene hinausgeht und daher auch transpersonale Erfahrung genannt wird. Fast alle Menschen haben solche transpersonale Erfahrungen im Leben gemacht. Es können Erlebnisse in der Natur sein, die tiefe Begegnung mit einem Menschen, oder andere außergewöhnliche Momente von Glück, die mit der Erfahrung von Einssein und Verbundenheit, Zeitlosigkeit und Freiheit verbunden sind.« (entnommen der Homepage des Zentrums, Mai 2012). In dem Buch »*Hirnforschung und Meditation. Ein Dialog*« (2008) tauscht sich Ricard mit Wolf Singer aus, der ebenfalls neurowissenschaftliche Untersuchungen an Ricard durchführte. Wolf Singer ist Direktor am Max-Planck-Institut für Hirnforschung in Frankfurt am Main und einer der weltweit führenden Hirnforscher. Für dieses Buch treten beide in einen Dialog über die Beziehung zwischen Hirnforschung und Bewusstseinstraining. Hier einige Textauszüge:

MR: »Wir müssen lernen, die Gedanken kommen und gehen zu lassen, statt ihnen zu gestatten, immer wieder von uns Besitz zu ergreifen. Wir müssen lernen, in der Frische des Augenblicks zu verweilen – das Vergangene ist vorbei, die Zukunft noch nicht erschlossen, und wenn man in reiner Achtsamkeit und Freiheit verharrt, dann kommen die Gedanken, aber sie gehen auch wieder, ohne Spuren zu hinterlassen. Das ist Meditation.«

WS: »Meditation ist demnach ein sehr aktiver Prozess, der ein hohes Maß an Aufmerksamkeit erfordert (…)«

MR: »Das Bewusstsein ist auf allen seinen Ebenen ein dynamischer Strom aus Momenten reiner Bewusstheit mit oder ohne Inhalt. Hinter der Trennwand aus Gedanken liegt immer und zu jeder Zeit ein reines Bewusstsein, das nicht von seinem Inhalt getrübt ist (…)«

WS: »Zuerst lernt man also die innere Welt zu beobachten und zu unterscheiden zwischen den Emotionen und Geisteszuständen, die zu Leid führen, und solchen, die das echte Glück wachsen lassen. Danach übt man sich in verschiedenen Fertigkeiten wie Aufmerksamkeit und emotionalem Gleichgewicht. Und zuletzt lernt man das Verweilen im reinen Gewahrsein.«

MR: »Ganz und gar von Liebe und Güte erfüllt zu sein ist wohl der positivste Geisteszustand, den man haben kann, und er bewirkt eine optimale Lebenseinstellung. Das heißt, du fühlst dich dauerhaft wohl, du verhältst dich anderen gegenüber altruistisch, und sie nehmen dich als guten Menschen wahr.«

WS: »Ein besonders faszinierender Aspekt ist für mich dabei die Tatsache, dass Meditation offenbar zu Veränderungen in der Funktionsweise des Gehirns führt, die den Meditationsprozess selbst überdauern. Kollegen von der Harvard-Universität ist es kürzlich gelungen, nachzuweisen, dass das Volumen der Hirnrinde in bestimmten Arealen der Großhirnrinde bei Menschen mit großer Meditationserfahrung zunimmt.«

MR: »Du musst dafür kontinuierlich üben (...) Es heißt, es sei besser, viele regelmäßige kurze Meditationssitzungen zu absolvieren als einzelne längere in Abständen von einer oder zwei Wochen.«

Hier weitere konkrete Forschungsergebnisse. Neurowissenschaftler haben sich ungefähr seit dem Jahr 2000 mit der neuronalen Plastizität (Eigenschaft von Hirnarealen und Synapsen, sich zu verändern) des Gehirns mittels Magnetresonanztomografie beschäftigt und herausgefunden, dass Achtsamkeitspraxis und Meditation die Hirnstruktur messbar und sehr positiv für das individuelle Erleben beeinflussen.

In diesem Zusammenhang gibt es wissenschaftliche Untersuchungen, die durch sogenannte Hirnscans aufzeigen, dass die graue Substanz in bestimmten Hirnarealen durch Achtsamkeitstraining ebenso wie durch Meditation anwächst. Laut der in den USA tätigen Gehirnforscherin und Psychologin Britta Hölzel hatte sich bereits nach acht Wochen die Dichte der Hirnzellen vor allem im Hippocampus gegenüber einer Kontrollgruppe deutlich erhöht. Diese Region ist wichtig für die Verarbeitung von Emotionen, sie spielt eine wichtige Rolle für das Gedächtnis und auch für Eigenschaften wie Selbstgefühl und Empathie. Im sogenannten »Mandelkern« hingegen nahm die graue Masse offensichtlich ab, wobei diese Hirnregion mit negativen Emotionen, Stress und Angst in Verbindung steht.

Britta Hölzel führte darüber hinaus Studien mit Probanden durch, die acht Wochen lang Achtsamkeit praktizierten. Die Teilnehmer waren vor dieser Untersuchung stark gestresst, die Kontrollgruppe ebenfalls. Sie erwähnt, dass durch diese Praxis Selbstliebe und Mitgefühl anwuchsen. Das Achtsamkeitstraining führte schon nach diesem kurzen Zeitraum dazu, dass Menschen ein besseres Selbstwertgefühl entwickelten und auch freundlicher mit anderen umgingen. Vor und nach den Achtsamkeitsmeditationen wurden Magnetresonanzbilder der Hirnaktivität erstellt.

Forscher vom Massachusetts General Hospital der Harvard Medical School stellten dabei fest, dass sich in einigen Hirnregionen Zellstrukturen messbar veränderten. In einigen Arealen verdichtete sich die graue Hirnsubstanz, hauptsächlich im zentral gelegenen Hippocampus, der bei der entspannten Selbstwahrnehmung aktiviert wird. Im Gegensatz dazu nahm, wie erwähnt, die Hirnsubstanz im sogenannten Mandelkern ab, einem Bereich, der vor dem Hippocampus liegt und bei negativen Empfindungen sowie bei Stress oder Ängsten aktiviert ist. Die Hirnscans der Kontrollgruppe, die keine Achtsamkeit trainiert hatte, zeigten dagegen keinerlei Veränderung. Eine Umfrage per Fragebogen bestätigte das Ergebnis der tomografischen Aufnahmen, denn die Probanden, die diese Zentrierungsmethode geübt hatten, waren nach den acht Wochen deutlich entspannter und stressresistenter als zuvor. Ganz offensichtlich hatten sie ein wirksames Hirntraining durchgeführt, indem sie sich knapp 30 Minuten täglich auf die achtsame Selbstwahrnehmung konzentriert hatten.

Auch der Psychologe Dr. Ulrich Ott von der Universität Gießen hat Hirnscans aus dem Magnetresonanztomografen ausgewertet und eine Ausdifferenzierung des Hippocampus bei Menschen festgestellt, die Achtsamkeit trainieren.

Eine weitere Studie von Sara Lazar bestätigt durch Hirnscans die Selbsteinschätzung der Menschen, die Achtsamkeit und Zentrierung trainieren und die sich im Gegensatz zur Kontrollgruppe deutlich wohler und ausgeglichener fühlten. Zudem wies Lazar in einer Studie mit 20 Probanden mithilfe der Magnetresonanztomografie nach, dass eine 40-minütige tägliche Meditation die Großhirnrinde verdichtet. Eine weitere Studie von Sara Lazar und ihren Kollegen ergab, dass die altersbedingte Abnahme von Hirnsubstanz im Stirnhirn bei Meditierenden verringert ist. Diese Areale haben mit Planen, bewusstem Handeln und Problemlösung zu tun. Bei älteren Menschen werden diese Bereiche nicht mehr so intensiv genutzt, daher erfolgt ein Abbau dieser Hirnzellen. Durch Meditation oder sonstiges geistiges Training werden diese Gehirnzellen erhalten und bleiben funktionsfähig (Lazar et al. 2005).

Dem entsprechen auch die weiterführenden Untersuchungsergebnisse des Emotionsforschers Richard Davidson (University of Wisconsin, Madison). Er untersuchte tibetische Mönche mit Langzeiterfahrung in Meditation im Magnetresonanztomografen. Bei diesen zeigte sich im Gegensatz zu Meditationsunerfahrenen eine deutlich höhere Aktivität der Großhirnrinde des Stirnhirns auf der linken Seite. Diese Aktivität entspricht laut Davidson einer positiven Grundstimmung in Form von Gelassenheit und guter Stimmung. Davidson erwähnt in diesem Zusammenhang, dass eine starke Aktivität der rechten Großhirnrinde des Stirnbereichs oft mit negativen Emotionen wie Ärger, Neid, Wut oder Hass einhergeht (Davidson et al. 1998; Goleman 2003).

Stefanie Tangeten wies in einer Studie bereits 2006 nach, dass Menschen, die einige Jahre lang meditieren, unter anderem über ein verbessertes Immunsystem verfügen, das mit zunehmender Meditationszeit noch weiter gestärkt wird. Sie stellte außerdem fest, dass bei Meditierenden jene Hirnbereiche aktiver sind, die mit bewusster Aufmerksamkeits- oder Emotionsregulation verbunden sind, als es bei nicht meditierenden Menschen zu beobachten ist. Ferner erhielten Meditierende von ihrem Umfeld häufiger die Rückmeldung, sie seien gelassener, aufmerksamer und fröhlicher geworden. Sie sagten dabei von sich selbst, dass sie sich lebendiger fühlten und ihre Umgebung intensiver wahrnehmen würden. Viele von ihnen berichteten zudem, dass Probleme ihnen grundsätzlich nicht mehr so viel anhaben konnten, wie das vor den Jahren der Meditation der Fall war. Auch lachten sie mehr, wenn etwas Erheiterndes wahrgenommen wurde, andererseits fühlten sie sich stärker betroffen, wenn jemand in Schwierigkeiten war, weinte oder in irgendeiner Form litt. Die Empathie von Meditierenden stieg also deutlich an. Eine weitere Feststellung seitens der Meditierenden lautete, dass negative Gefühle oder Zustände für sie nur noch kurzfristig vorhanden waren und dass sie ihre innere Ausgeglichenheit rasch wiederfanden. Grundsätzlich sind die feststellbaren Unterschiede zwischen Meditierenden und Nichtmeditierenden laut Tangeten signifikant (Tangeten 2010).

Eine Studie von Cahn & Polich wies nach, dass im Meditationszustand signifikante Auswirkungen in Form von positiven Zustandsveränderungen zu messen sind, die bei Langzeitmeditierenden auch im nicht meditativen Zustand weiter bestehen (Wesenszugveränderungen nach Cahn & Polich 2006). Verschiedene Arten von Meditation und Trainingsdauer führten gemäß weiteren hirntomografischen Untersuchungen und Fragebogenauswertungen zu kurz- und langfristigen, nachhaltigen Veränderungen im Gehirn (Carter et al. 2005).

Auch der bereits erwähnte Wissenschaftler Richard Davidson stellte fest, dass selbst bei bislang Meditationsunerfahrenen ein nur achtwöchiges

Achtsamkeitstraining im Gegensatz zur nicht praktizierenden Kontrollgruppe eine beachtliche Aktivierung des linken Stirnhirns auslöste. Die Aktivität dieser Hirnregion steht unter anderem in Verbindung mit einer Stärkung der Immunabwehr, wo nach einer Injektion von Grippeviren eine höhere Konzentration von Antikörpern im Blut festgestellt werden konnte. Subjektiv berichteten die Versuchspersonen außerdem von weniger Ängsten und einer insgesamt positiveren Grundstimmung.

Darüber hinaus kam Davidson in seiner Studie über »*Kognitive Höchstleistungen und extreme Wachheit bei 40-Hertz-Aktivität*« zu außergewöhnlichen Ergebnissen, die wir vom Ansatz her übrigens auf unsere meditative Übung »*Praxis der positiven Emotionen*« übertragen können, die von uns im Anschluss an die Transformation der negativen Emotionen als weiterführende Meditationsmethode beschrieben wird.

Davidson konnte bei buddhistischen Mönchen, welche die tibetische Mitgefühlsmeditation, auch Metta-Praxis genannt, praktizierten, einen Anstieg der Hirnstromwellen auf eine 40-Hz- oder auch Gammaaktivität mithilfe eines Elektroenzephalogramms (EEG) messen (Davidson et al. 2003).

In dieser Meditationsform geht es darum, Liebe und Mitgefühl zu entwickeln und liebevolle Gedanken »auszusenden«. Das erzeugt offensichtlich eine ganz besondere und außerordentliche geistige Verfassung, denn bei den Mönchen konnte ein Anstieg der Gammaaktivität gemessen werden, die sich sogar im ganzen Gehirn ausbreitete. Jene Aktivität steht mit großer Wachheit und Präsenz in Verbindung. Laut Dr. Ulrich Ott, einem der bekanntesten Hirnforscher Deutschlands, ist das »ein hochinteressantes Ergebnis«, denn: »In der Regel tauchen Gammawellen nur kurz im Gehirn auf und sind nicht nur zeitlich, sondern auch räumlich begrenzt.« Die Bedeutung dieser rhythmischen Hirnströme mit Frequenzen um 40 Hz ist noch nicht eingehend erforscht, doch diese Hirnströme gehen offensichtlich mit kognitiven Höchstleistungen einher und entstehen in Momenten höchster Konzentration. Ott vermutet, »dass sie für die extreme Wachheit stehen könnten, von der die Meditierenden berichten«. Es wird derzeit davon ausgegangen, dass diese Gammaaktivität eine Art übergeordnete Steuerfrequenz sein dürfte, die weiträumig verteilte Hirnareale synchronisiert und deren Informationen zusammenführt, was demnach einen brillanten Geisteszustand von großer Klarheit erzeugt.

Solche extrem koordinierten Gammaoszillationen, wie sie bei den Langzeitmeditierenden gemessen wurden, entsprechen keinem sonst bekannten geistigen Zustand. Alle Hirnbereiche scheinen in dieser Verfassung miteinander zu kommunizieren. Ott kommentiert diese Messung damit, dass man sich nicht mehr isoliert, einsam oder abgetrennt fühle, wenn alle Neuronen synchron schwingen. Dann sehe man sich mit allem Lebendigen harmonisch verbunden und fühle sich in die Schöpfung integriert und darin geborgen. Die scharfe Trennung zwischen Subjekt und Objekt sei aufgehoben und ersetzt durch ein liebevolles Verbundenheitsgefühl. Genau das entspreche laut Ott der zentralen Aussage der spirituellen Erleuchtungserfahrung.

Bei den tibetischen Mönchen war bereits vor der Meditationssitzung die Gammaaktivität im Gehirn deutlich stärker messbar als bei den Nichtmeditierenden, insbesondere im zentralen linken Frontalkortex, der für das emotionale Gleichgewicht entscheidend ist. Für Davidson stellen diese Befunde eine weitere Aussage darüber dar, dass sich das Gehirn und das Bewusstsein, also die gesamte Persönlichkeit, durch Meditation und geistige Arbeit gezielt fördern lassen. Zudem wirke sich Meditation auch über die Meditationssitzung positiv auf den Gesamtzustand des Individuums aus.

Zusammengefasst lässt sich sagen, dass Meditation und Achtsamkeitstraining die soziale Kompetenz, Offenheit und Lebensfreude erhöhen. Mit anderen Worten: Mit unserem Geist formen wir ganz konkret die emotionalen Zentren unseres Gehirns und gestalten darüber unsere Wahrnehmung und unser Befinden.

Manfred Spitzer, ein Hirnforscher an der Universität Ulm, kommentiert: »Jede geistige Aktivität hinterlässt Spuren im Gehirn, und diese Spuren beeinflussen dessen zukünftige Funktion.«

Kontakte, Literatur und Links

Kontakte

Prof. Dr. med. Götz Mundle, Facharzt für Psychiatrie und Psychotherapie, gehört mit zu den »Pionieren« der Achtsamkeitsforschung, indem er die achtsamkeitsbasierte Meditation in den von ihm geführten Kliniken bereits erfolgreich einsetzt.

In Deutschland untersuchen weiterhin etliche Forscher, die auch selbst meditieren, die Effekte und Auswirkung der Meditation. Auf dem Kongress der Deutschen Gesellschaft für Psychologie hat sich in Nürnberg 2006 eine kleine Gruppe von Medizinern, Biologen und Psychologen zusammengefunden, die unter der Leitung von Dr. Ulrich Ott (Universität Gießen) und Prof. Harald Warald (University of Northampton) seitdem die physiologischen und psychologischen Veränderungen durch Achtsamkeitsmeditation erörtert. Die derzeitige Meditationsforschung wird auch von der SMMR (Society for Meditation and Meditation Research) und der DKTP (Deutsches Kollegium für Transpersonale Psychologie) unterstützt.

Literatur

Cahn, B. R. & Polich J.: Meditation States and Traits EEG, ERP and Neuroimaging Studies, Psychological Bulletin, 132:2, S. 180–211, 2006

Carter, O. et al.: Meditation Alters Perceptual Rivalry in Tibetan Buddhist Monks, Current Biology, 15(11), S. 412–413, 2005

Davidson, R. et al: Affective style and affective disorders: Perspectives from affective neuroscience, Cognition and Emotion, 12, S. 307–320, 1998

Davidson, R. et al: Alterations in Brain and Immune Function produced by Mindful Meditation, Psychosomatic Medicine 65, S. 564–570, 2003

Goleman, D.: Dialog mit dem Dalai Lama – Wie wir destruktive Emotionen überwinden können, Carl Hanser Verlag, München, Wien, 2003

Lazar, S. W. et al.: Meditation experience is associated with increased cortical thickness, Neuroreport 28; 16(17), S. 1893–1897, Nov. 2005

Lutz, A. et al.: Longterm-Meditators self-induce high-amplitude gamma synchrony during mental practice, PNAS, 101:46, S. 16369–16373, Nov. 16, 2004

Ott, K.: Meditation für Skeptiker: Ein Neurowissenschaftler erklärt den Weg zum Selbst, O.W. Barth, München 2010

Piechocki, R.: Alice Herz-Sommer. Ein Garten Eden inmitten der Hölle, Droemer, München 2006

Ricard, M.: Der Mensch und der Philosoph. Buddhismus und Abendland. Ein Dialog zwischen Vater und Sohn. Kiepenheuer und Witsch, Köln, 2003

Ricard, M.: Glück. Aus dem Englischen von Christine Bendner, Nymphenburger in der F. A. Herbig Verlagsbuchhandlung, München 2007

Singer, W., Ricard, M.: Hirnforschung und Meditation, Suhrkamp Verlag Frankfurt am Main, 2008

Tangeten, S.: Zen in der Kunst des Erschreckens – eine fMRI-Studie, Piron, H., Quekelberghe, R. v. (Hg.): Meditation und Yoga. Achtsamkeit, Heilung, Selbsterkenntnis, S. 195–216, Klotz Verlag, Eschborn, 2010

Interessante Links

www.SMMR.de
www.dktp.org
www.mindandlife.org